KB186935

간이학교 국어독본

송숙정 **편**

제이앤씨
Publishing Company

간이학교 국어독본

간이학교 제도는 1934년 조선총독부 학무국에서 조선의 문맹퇴치 전선을 확대하고 보통교육을 보급한다는 미명 아래 실시한 교육제도이다. 간이학교의 본래 설립목적은 농촌의 당시 실정을 감안하여 기존의 공립보통학교에 부설로 설치하고 짧은 기간에 회화를 중심으로 한 언어교육을 실시하여 국어(일본어)를 습득하게 하고 지방에 실정에 맞는 직업교육을 실시하는 것이었다. 1934년 당시 조선에서는 제2차 조선교육령(1921년) 이후 일면일교제가 활발히 시행되고 있었다. 하지만 보통학교를 가기 위해 수십 리를 가야 하는 현실적인 문제와 그럼에도 턱없이 부족한 학교 수를 채우기 위한 대안으로 간이학교가 설립되었다. 다만, 당시의 공립보통학교가 6년제였음에도 간이학교의 수업연한은 2년이며, 수업연한 2년을 수학하여도 상급학교로 진학할 수 없는 종결교육이었다는 점은 간이학교가 갖는 특수성과 차별성을 나타낸다.

일제강점기 간이학교용 국어독본은 조선총독부에서 총 2번 편찬, 발행되었다. 1차는 1935년에 발행한 『간이학교 국어독본(簡易學校國語讀本), 권1-권4』이며, 2차는 1941년에 발행한 『초등국어독본 간이학교용(初等國語讀本簡易學校用), 권1-권4』으로 본서는 1935년에 편찬, 발행한 1차분에 해당한다.

『간이학교 국어독본(簡易學校國語讀本)』은 국내에는 국립중앙도서관에 권2와 권4가 소장되어 있다. 본서를 발행하기에 앞서 일본 국립 교육정책

연구소 교육도서관에 소장되어 있는 권1-권3을 확인하고 원본 복사를 요청하여 자료를 입수할 수 있었다. 이 자리를 빌려 다시한번 일본 국립 교육정책연구소 교육도서관 측에 감사의 말을 전한다. 본서는 권1-권3은 일본의 자료를, 그리고 권4는 국립중앙도서관의 자료를 사용하였고, 이를 바탕으로 원문을 번역하여 첨부하였다.

또한 본서는 2020년 대한민국 교육부와 한국연구재단의 인문사회분야 신진연구자지원사업의 지원을 받아 수행된 연구(NRF-2020S1A5A8045776)의 결과물임을 밝혀둔다.

전술한 바와 같이 간이학교는 수업연한 2년의 간이한 형태였기 때문에 기존의 공립보통학교용으로 편찬, 발행한 국어독본을 사용해도 무방할 것 같으나 조선총독부는 간이학교만을 위한 국어독본을 별도로 편찬, 발행하여 사용하게 하였다. 이는 중요한 의미를 갖는 것으로 해석할 수 있으며 교과서의 내용을 살펴보면 그들의 의중을 확실히 파악할 수 있다.

『간이학교 국어독본』의 내용을 살펴보면, 전체적으로 종래의 국어독본보다 농촌의 실정에 맞는 교재구성으로 이루어져 있음을 알 수 있다.

권1의 첫 단어는 '괭이'다. 인류가 고대부터 사용해 온 농기구 중에서 가장 오래된 농기구에 속하는 '괭이'는 봄농사의 시작을 여는 도구이다. 겨우내 말라 딱딱하게 굳은 땅을 '괭이'로 파고 고르며 씨 뿌리기에 알맞은 고른 땅으로 만들어주는 도구를 『간이학교 국어독본』의 권1의 첫 단어로 삼았다는 것은 『간이학교 국어독본』의 내용이 얼마나 농업과 연관되어 있는가를 시사한다. 이어서 등장하는 단어도 '벼, 콩, 독, 소금, 되, 가마니, 짚, 새끼, 호미, 절구, 절굿공이, 멍석, 소, 뿔, 코, 다리'다. 이어서 '어미소와 송아지, 어미개와 강아지', '논, 밭, 나무, 돼지, 닭, 호박꽃, 가로수, 개구리' 등

일상생활에서 쉽게 접하는 동식물과 자연이 등장한다. 또한, 봄에 해야하는 농사일인 '누에치기, 뽕잎따기, 깜부기뽑기, 개량섶 만들기, 싸레질, 송충이 제거, 모내기, 짚신삼기, 비온 후 논 살피기, 보리타작, 풀뽑기, 풀베기, 돌줍기, 씨뿌리기, 흙 북돋우기' 등이 계절의 변화와 함께 묘사되어 있다. 특히 누에치기 방법은 상세히 묘사되어 있어 국어독본이라기 보다 실업교과서에 가까운 내용으로 구성되어 있다.

권2의 내용도 계절의 변화에 따른 농사일과 농촌에서 벌어지는 일들에 관한 내용들로 이루어져 있다. 특히, 권2는 가을학기부터 학습하는 까닭에 추수부터 '이삭줍기, 겨울나기(비오는 날과 눈이 오는 날에는 새끼를 꼬아 열심히 가마니를 만들며 시간을 보내는 모습), 보리밟기, 콩 고르기, 밭갈이'등 자연스레 학습하며 농촌에서의 생활을 익히는 단원들로 구성되어 있다. 또한, '지게, 괭이, 곡괭이, 호미, 낫, 가래' 등의 농기구와 '도라지꽃, 마타리, 아카시아, 돼지감자'등 농촌생활에서 흔히 볼 수 있는 식물명 등이 등장하였다.

권3도 '고구마와 감자, 뽕나무 재배법 및 뽕나무의 종류를 선별하는 방법, 좋은 무를 키우는 방법, 콩심기, 묘판의 곤충잡기, 묘목만들기, 여름김치 담그기, 보리 수확'등의 농사와 관련된 단원이 주를 이루었으며, '벌레의 일생, 그레골 멘델의 유전법칙, 흙과 태양, 비와 4계절의 자연순환, 바다, 종자의 힘'등 과학을 주제로 한 단원도 등장한다.

권4에서는 부촌 부락으로 성장하기 위해 마을에서 양계업을 시작하는 모습을 담고 있으며, 제19과 '농가의 수세공과 가공'에서는 농가에서 부수적으로 수입을 늘릴 수 있는 방법들을 소개하고 있다. 예를 들어 가마니짜기, 새끼꼬기, 짚신삼기부터 마을의 못에 잉어를 키우고 산에 평양밤을 심어 수익을 창출하는 방법을 소개하고 있다. 뿐만 아니라 맥아를 고아 엿을 만들고 고구마에서 전분을 얻고 비누나 브러시 등의 가공품을 생산하거나 농작물을 이용하여 잼, 케찹, 햄 등을 만들어 수익을 내는 방법을 소개하고 있다.

이와 같이 『간이학교 국어독본』은 흡사 실업교과서에 가까울 정도로 농사와 관련된 내용으로 점철되어 있다. 이는 2년이라는 단기간에 교육을 마쳐야하는 실정을 감안하여 국어(일본어)교육과 당시에는 주를 이루었던 농업교육을 동시에 달성하기 위한 가장 좋은 묘책을 고안해 낸 것이었다.

1933년에 경성일보(京城日報) 부사장으로 취임한 이케다 시게노리(池田林儀)가 1935년에 발행한 『조선과 간이학교(朝鮮と簡易学校)[1]』에 수록된 교육 관련 조항을 통해 간이학교의 설립목적을 살펴볼 수 있다. 그가 말하는 간이학교의 목적은 1. 한 사람의 일본 국민을 만드는 것, 2. 국어를 읽고, 쓰고, 말할 수 있도록 하는 것, 3. 직업에 대한 이해와 능력을 갖춘 사람을 만들 것의 3가지로 요약할 수 있다.

또한, 그는 "간이학교가 설치된 곳은 예외 없이 농촌지대이다. 그래서 간이학교의 교사는 그 지방의 아동에게 농업에 대한 이해와 능력과 취미를 갖게 하는 것과 아이들을 결국에는 훌륭한 중견국가의 일원이 될 수 있도록 가르쳐 교육해야 한다"고 주장하고 있다.

이러한 사고가 고스란히 투영되어 기존의 국어독본과는 차별화된 『간이학교 국어독본』을 완성하였다.

---

[1] 池田林儀(1935)『朝鮮と簡易学校』活文社、pp.1-7.

목차

간이학교 국어독본

원문

簡易學校 國語讀本 卷一 朝鮮總督府

簡易學校 國語讀本 卷二 朝鮮總督府

簡易學校 國語讀本 卷三 朝鮮總督府

簡易學校 國語讀本 卷四 朝鮮總督府

簡易學校國語讀本　卷一

朝鮮總督府

簡易學校 國語讀本 卷一

朝鮮總督府

(插畫第1)

（第四圖）

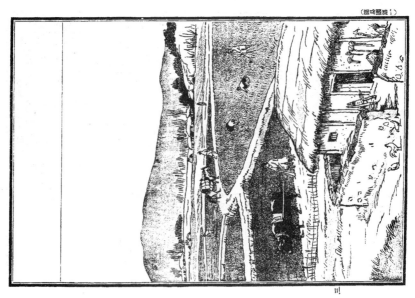

（第五圖）

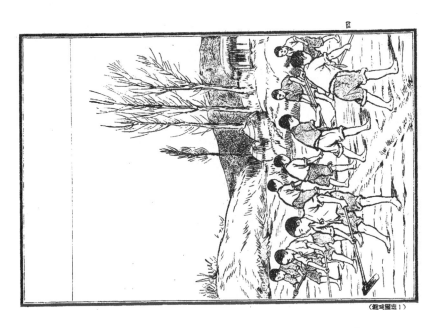

(揷畵第1)

(揷畵第2)

(제삼과삽화1)

(제삼과삽화1)

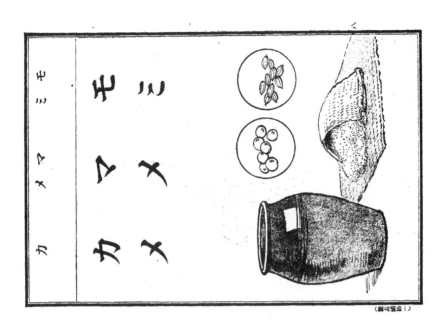

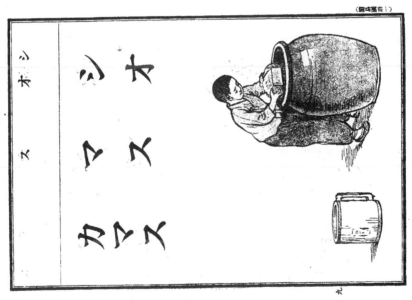

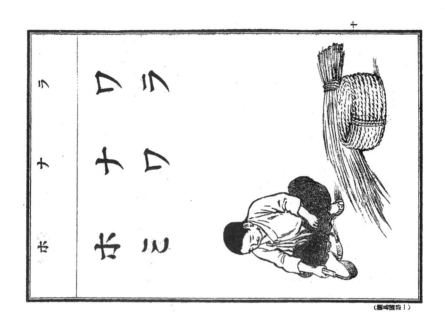

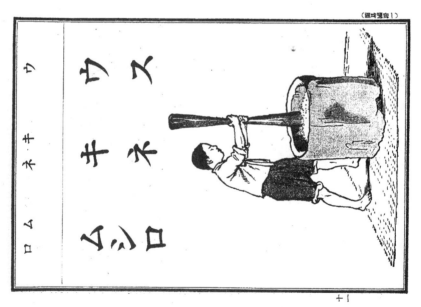

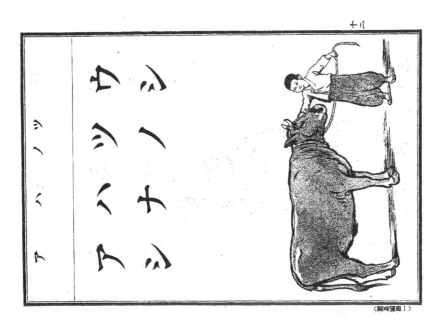

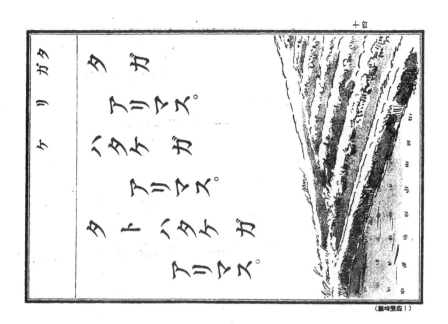

タ ガ
アリマス。

ハタケ ガ
アリマス。

タ ト ハタケ ガ
アリマス。

キ ガ
アリマス。

マツ ノ キ
ホン イ

マツ ノ キ ニ ミキ ニ
ホン イ エダ。

20 간이학교 국어독본

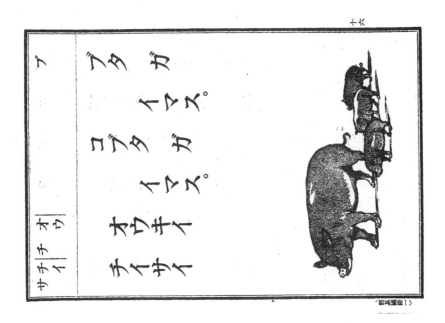

ブ

ブタ カ
イマス。

コブタ カ
イマス。

オウキイ
チイサイ

（サチチ オ
　 イ 　 ウ｜）

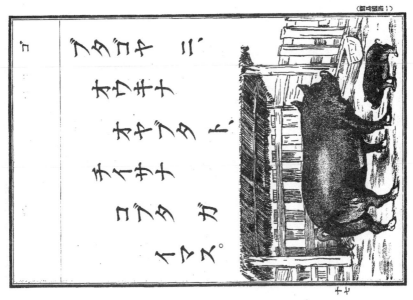

コ

ブタコヤ ニ

オウキナ

オヤブタ ト

チイサナ

コブタ カ

イマス。

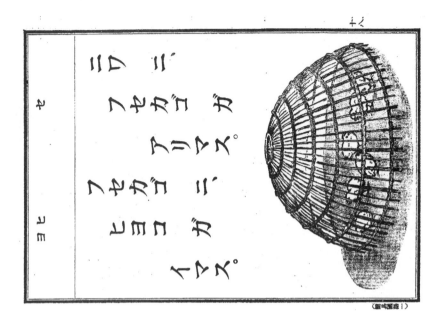

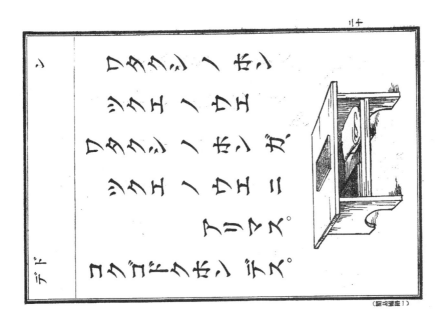

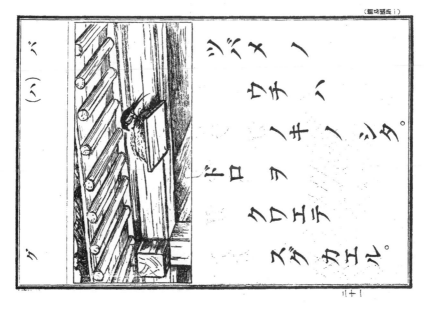

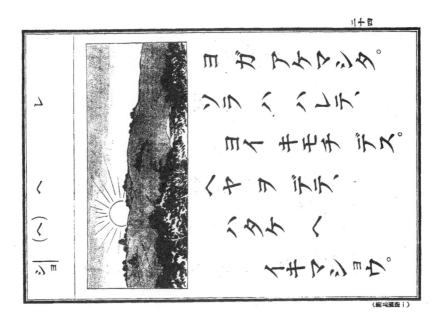

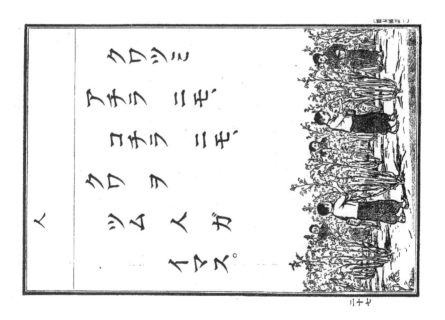

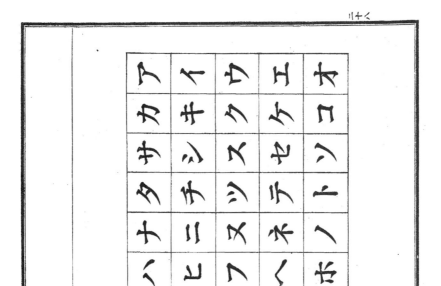

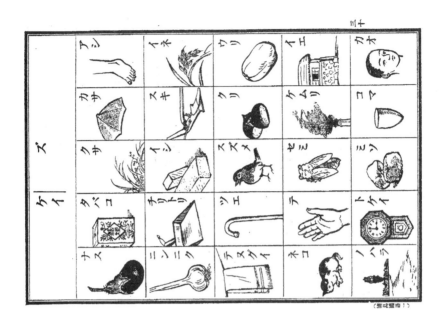

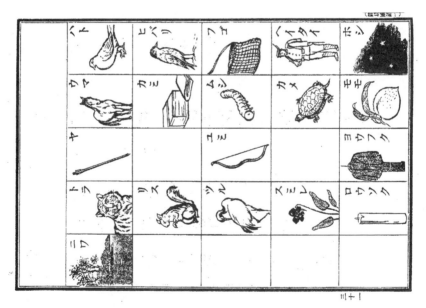

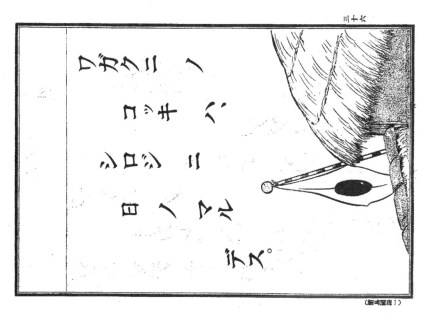

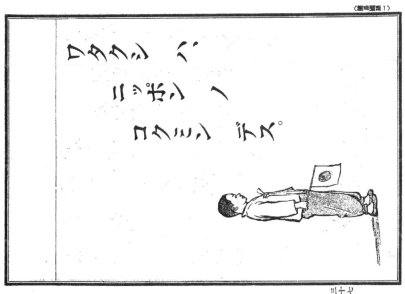

（蠶蛾蠶）

木

サ木ハ
木ノシタデ
シロカキヲ
ミテイマス。

アスハ
ガッコノ
シロカキデス。

(工科畵圖)

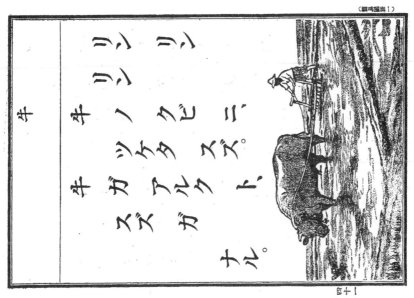

(工科畵圖)

牛

ウシハ
カッテ
スルト
カタビ
ツクニ
ナル。

ソ

キ カ コ ソ
イ ソ セ
ヨ ゴ ナ イ ヨ ニ゛
マ コ ヲ ア カ キ マ ス。
ヨ ゴ サ ナ イ ヨ ニ゛
マ コ ヲ ア コ ラ ヒ マ ス。
キ イ ナ マ コ ハ ム デ ス。

（한글십일）

ガ

ヒ ナ タ ト ヒ カ ガ。
ヒ ナ タ ニ
ホ シ タ
サ ン パ ク。
一 二 三 四 五
六 七 八 九 十
マ イ マ ア リ マ ス。

ナ八六五
九七

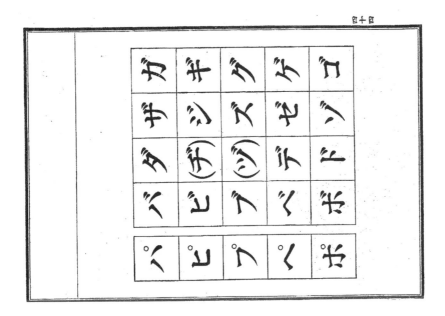

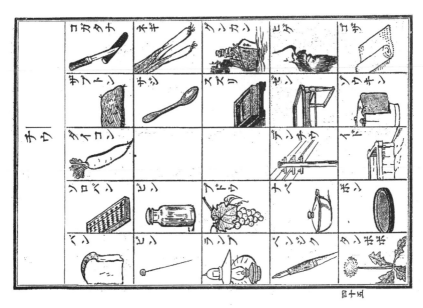

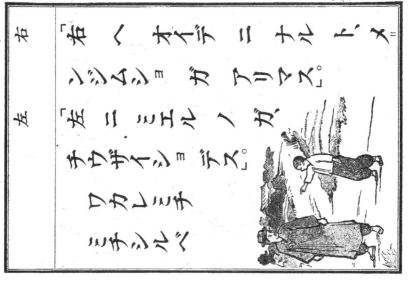

右
左

「右ハ オテデ ニ ナルトガ アリマス。」

「左ニ ミエル ノガ
チウガイシヨウ デス。
ワカレミチ
ニシルベ

東
南
西
北

東ハ ムイテ、
右ハ 南、
左ハ 北、
ウシロハ 西。

南ヲ ムキ
ウケタ
ムキバ タケ。

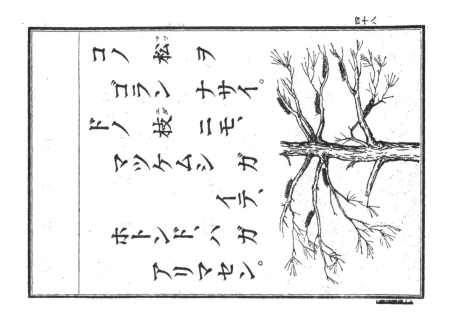

コノ桜(サクラ)ヲ
ゴランナサイ。
枝(エダ)ニモ
マツケムシガ
ハウテヰテ、ハガ
アリマセン。

虫

マツケムシハ
イヤナ虫デス。
ワルイ虫デス。
マツケムシハ
桜(サクラ)ヲカラス
害虫(ガイチウ)デス。
トラナケレバナリマセン。

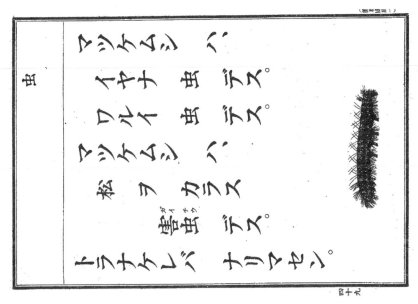

今私

今ハ イトイシヨ゛リ
夕セン 子セ田植゙ヲシテイマス。
私ハ エチガ゙ダコヲ テ゛ ハコヒ゛マス。

水天

田植ナワク植
セイサ植ヨク
アンロシテ
ミハナ元氣テ゛ス。
天氣モ水モ
ヨイシゴカテ゛ス。

「コレ カラ ナニ ヲ ナサル ツモ
リ デス カ。」

「サイショニ イヘ ヲ ツクル ツモ
リ デス。」

「ソレ カラ。」

「ソレ カラ ミチ ヲ 作リマス。」

「ナチラ ヘ イラツシヤイマス カ。」

「ウチ ニ カヘリマス。」

「オタク ハデ ドコ アリマス
カ。 デ イチマス カ。」

「ナニウヘ ヘ カヘリマシヨウ。」

「ワタシ ハヘ ナイ ノ
デス ネ。」

간이학교 국어독본 권1 **원문** 39

雨

ピカピカ イナビカリ
ガ ヒカリマス。

ゴロゴロ

カミナリ ガ ナリマス。

雨 ガ ベラベラ
フリダシマシタ。

コウダチ テス。

田

雨 ガ ヤミマシタ。

コ日 ガ テリダシマシタ。

コハ ノ水 ベ

イキオイ ヨク

ナガレマス。

田 ヲ ミマワリ ニ、

イキマシヨウ。

40 간이학교 국어독본

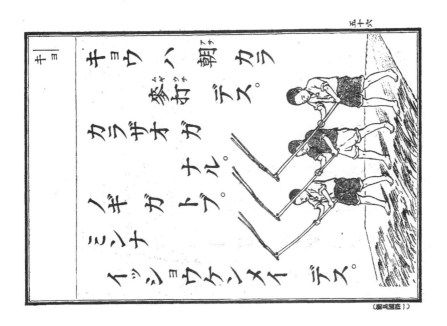

キヨ

朝（アサ）ハ カラ デス。

キョウ ガ オ ガ カ ナ ト ブ。

ミンナ イッショウケンメイ デス。

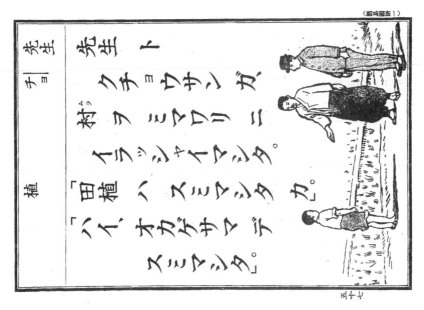

先生（センセイ）ト

植（ウエ）

キヨ

先生（センセイ）ト

先生（センセイ）ガ 村（ムラ）ヲ トホッテ イラッシャイマシタ。

「田（タ）植（ウエ）ハ スミマシタカ。」

「ハイ、オカゲサマデ スミマシタ。」

草

根

クサナリ

田ノ草ハ　ニ　マケナイデ

稲ガ　草ニ　マケテ　シマス。

稲ノ根ニ　草ノ根ガ　マキツイテ

（普通學校 I）

本

植エニ　ナルト　三四本ヅツ

八九本ニ　ナルノデス。

稲ハ　シダイニ　カブガ　フエテ

コヤシヲ　ヤレバ　イマス。

稲ハ　ヒトカブニ　ヨリ　ヨク

ナルノデス。

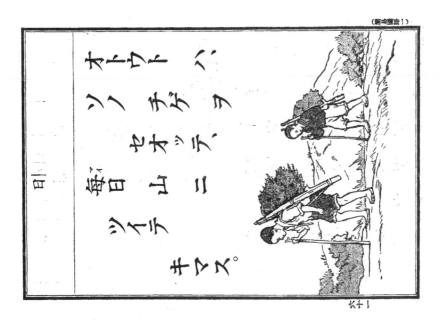

小

七ニ

私ハ、コドモノ チヅ
オトウサン ハ コドモ ニ 七

小サイ チヅ ヲ モツテ イマス。
ミンナ カ カワイラシイ チヅ
ヤダト イイマス。私 ガ 作ツテ
ヤツタ ノ デス。

毎日 山ニ ツレテ イテ
オトウサンノ チヅ ヲ
セオツテ
キマス。

ナ キ
イ ャ
サ シ
キ 次
マ 六七四三 花 ニ
シ 五 三
タ ヂ
。 ナ

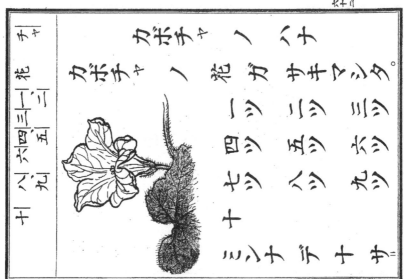

ハ ノ カボ チャ
ナ 花 ボチャ
カ カ チャ ノ
サ ノ ハ
キ
マ 一ツ
シ 二ツ
タ 三ツ
。 四ツ
五ツ
六ツ
七ツ
八ツ
九ツ
十
三十テ十サニ

キ
マ
シ 花 カ
タ デス。 イ
。 ハ ニ
サ ノ
チ 五マイ
。 ノ ガ
ハ 花 ハ
ノ ヒラ
花 ガ
デ ナ
ス ツ
。 テ
キ
イ マ
ロ シ
イ タ
ロ 。
イ
ワ
カ
レ
テ
イ
マ
ス
。

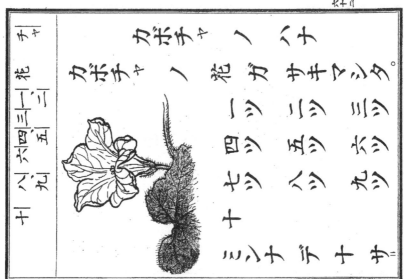

刺　　上氣

ラニ　フクガ　カガ　本ガ　ノ　花ノ　ハイマス。ティイサハ　花イマス。メシテ　「カボチャノ　ヒヨコデスネ」トシタ。イッデ　先生ニ　ウラウレマ二

ヲ　天氣ガ　ヨイ　ノデ　花ノ　上
ハイテ　カ　ヨ　イ　ト　シデ　花ノ　イマス。
トシデ　イマス。

ナニキ

リッパナトウロデス。
ミコトナナニキデス。
オトウサンガ　私ニ
ダライノ　ココ゛
植エニ　ナッタ
ノオ　ソニ　ナッタ　デス。

朝

出

朝ツユ ヲ フンデ
朝キリ ワケテ
朝日ノ出ヅルニ
朝草 カロウ。

今日ヂ カラ
日ガ アガル。

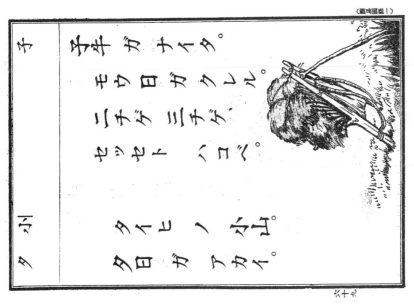

夕

小

牛ガ ナイタ。
モウ日ガ クレル。
ニ千 三千ヶ
セッセト ヘコベ。

夕日ガ アカイ。

月

ムコノ月ハ
マルイ
ヨイ
月デス。

山ノ上ニ
森ノ
月ガ
出マシタ。

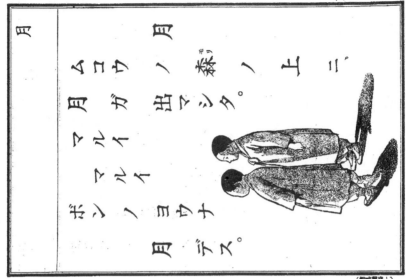

（簡易學校一）

（簡易學校一）

虫

草ノ
ツユガ
キラキラ
ヒカリマス。

草ノ
中ニ
虫ガ
イテ
ナイテ
イマス。

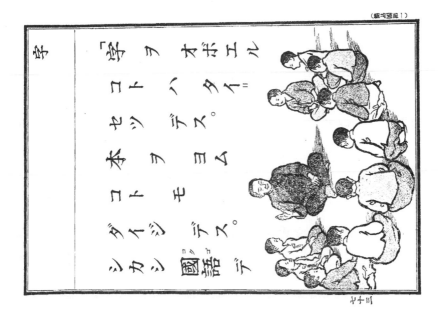

間ニ、「サア、ナラベ」ト、オッシャイマシタ。

先生ハ、キ゛ニ、ミンナヲ コヽニ ツレテ ユキ、タ上ゲ、オ゛リヲ ナオシナ゛ガ、アッテ、ヨミマシタ。

字ヲ オボエル コトハ タイニ、ハ、タイデス。

「字ヲ セツ、本ヲ ヨム コトモ、シダイニ ヨム コトデス。

シカシ、國語デ ヨム。

話ガ テキ キ ク テ ハ゛ ナ
ノ ヤ マ ニ モ タ チ マ セ ン。
レ ヲ カ ラ ゛ シ ニ ケ イ コ
ピ シ マ シ ヨ ウ。 カ ニ ヤ エ ン ニ
ト ッ ハ゛ ナ ク テ モ デ キ ル
ノ デ ス。
ト、オ シ エ テ ク ゛ サ イ マ シ タ。

カイモノ

「ゴメン ク゛サイ」

「イラッシャイ」

「エンピツ ヲ 一本 ク゛サイ」

「ハイ コレ ハ ドウ デショウ。

ヤスクテ ヨク カケマス」

「イクラ デス カ」

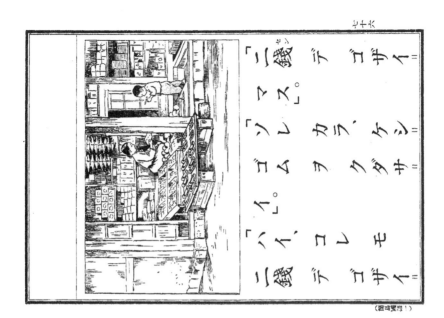

「イ=、サ=。」

「ゴ=テ、三錢二マス。」

「コレヲ、クダサイ=。」

「ハイ。」

「コレモ、ゴザイ=、二錢テゴザイ=マス。」

「エンビツヲ一本、ケシゴム
ヲ一ツモライマス。五錢テゴザイマス。」

「ハイ、一錢オツリヲサシ上ゲ
マス。」

「サヨウナラ。」

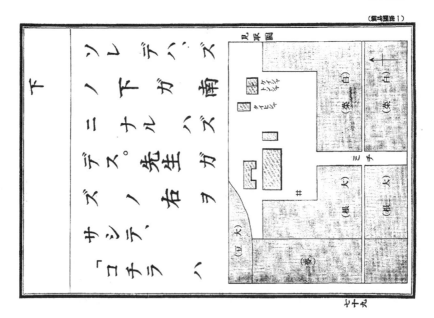
(見下圖)

「マイド アリガト ウ ゴザイマス」

ミトリズ

先生 ガ ガッコウ ノ ミトリズ

ヲ、カイテ イラッシヤイマシタ。

「ミトリズ ハ 此 ヲ 上 ニ

カク モノ デス。」

ト、オシエテ クダサイマシタ。

下
ニ ハ、サシテ、「コチラ ハ 南 ズ
デス。先生 ハ 右 ヲ ガ
ナルヲ シテ、「コチラ ハ

大根

東テスガ、西テスガ、ドオトイ二
ナツタトキ、ミンナガ、シバラク、カン
ガヘ二マシタ。
「コノ、三チノ、西ガワノ、ハ二
タケハ、キヨ年、大根ヲ、植
ヱマシタガ、コトシモ、オナ二

書入

シヨク二、植ヱマシヨウ。」
先生ハ、ソウ、オッシヤッテ、川二
トリズ二「大根」ト、オ書入レ
二、ナリマシタ。
オジイサンガ、ハタケノ中
ノ右ヲ、ヒロッテ、イラシヤ二

稲

イネ ガ イロ
ヨク ミノッ
テ イマス。

作物 ガ
ウマク
デキナイト

ウラ
デス。

田 ニ

(朝鮮總督府)

十 川

モ、 右 ガ タクサン
ヲ、 オジイサン ガ ナガイ
ニ ヒロッテ オステ ニ
タ ガ ト キ ニ ニ ナ
ノ ニ ハ ナゲコム。
田 ニ 右 ヲ ナゲコム。
ッタ ガ コト デ ス。
川 ムコ ノ 田 ニ
ハ 右 ヲ ナゲコム。

國

マニ
イ
シャ
シツ
オ
カ
ン
サ
イ
シ
イ
オ
タ
ト
シ
タ。

キ
マ
ネ
タ
ネ
リ
タ
ネ
白菜ノタネモマキマシタ。
大根ヲマキマシタ。
分ワ
國ノ
大根ヤ白菜ハ

（第四圖畫1）

（第五圖畫1）

高名

分

セアアテ名高インウデス。
カタタカクシメリガアル。
イトタネ八ヨクタガヤシテ、
デ゛タカラ出シマス。
肥ノヤケルヒドイシニ、
ヒデリノヤヒドイ雨ガナイ
ヲリキヤ ヒドイ 雨ガ ナイ
デス。

私タチガ大豆ヾタケノ土ヨセ
ヲ シテ イル トキ デシタ。

「サア、ミンナ 立ッテ、コチラ
ヲ ムキ ナサイ。」

先生ノ オコエガ キコエマシニ

ヨム ニ イノ ツテ イマス。

(版﨑圖志1)

私タチハ、一セイニ立リマシ
タ。李サンハ、ドク シタ ノ カ
立チマセン。

「李ヲ ムネニ トレ、トレ。」
タインク デス。

(版﨑圖志1)

56 간이학교 국어독본

李サン ハ アワテテ
立ッテ 手ヲ
ムネ ニ トリマ
シタ。

私モ ツ ホニ ヲ
ッタ。 ママデ
イタ ノデ、 ンニ

ト ニ オキ
マシタ。
「ムネヲ クシニ
ママゲ、 マゲ、
ムネノ ウンド＝
ウ デス。

간이학교 국어독본 권1 **원문** 57

出足

「右足ヲマエニ出セ、出セ。」

「右ヒザヲマゲ、タオセ、タオセ。」

セ私タチハマタウンドウヨキモチヲツズケマニシタ。

（以下略１）

（以下略１）

エキビヽ

來

私ハマシタ。

雨ガハガキガ京城ノオ書キニエキビヽ

フツデイマス。

ハガキヲニマイ買フテ＝

オトニ、マタヨリマシタ。

ナリマシ、タヨリマシタ。

辰

コ ニ 入レテ カラ、

「コ ノ 入ロ ニ 入レテ オケ
バ ドウ ナル ノ ダロウ」

ト オモイマシタ。

シ バラク シテ コウヒ ンシヘイニ
ニ ガ 來マシタ。ハコ ヲ ア
ケテ ハガキ ヲ 辰出シタ ノ デ

（原物圖1）

（原物圖1）

行

ア イ シ イ シ マ シニ
タ。

テ マ ヲ、コ ノ 雨 ノ 中
シ ヨ ウ モッテ、京城
デ カ。 行ク ハ ガ キ

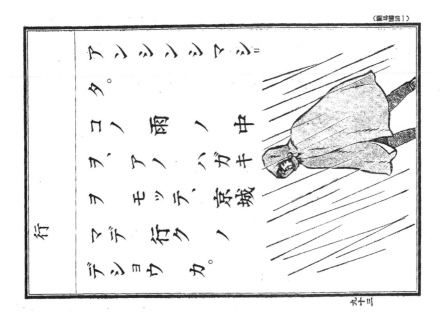

指

ユビ
オヤユビ
ヒトサシユビ　ナカユビ
クスリユビ　コユビ

「人ヲ　サス　カラ　人サシ指　デ、
中ニ　アル　カラ　中指　デス。
小サイ　カラ　小指　デ、昔(ムカシ)、クス=

(簡易國語一)

方

リ　ネッタ　カラ、クスリ指
ト　イウ　ノ　ダ　ソウ　デス。」
「オヤ指　ハ　指　ノ　オヤ　デス。
コノ　指　ダケ　ハ、小指　ノ　方
ヲ　ムイテ　イル　デショウ。」
「ソレ　デハ、小指　ハ　子指　ト、書=
ク　ノ　デハ　ナイ　デショウ　カ。」

日記

九月三日　月曜日　曇ヨリ曇セ。

朝、蟲モ　大根モ　白菜ノ　學校ノ　先生ハ

今年ヲ　カエシダ　白イ　生徒ハ　大サワギ

大ヨロコビ　生徒ノ　雞ハ

三月記
三日
全年
卯

九月四日　火曜日　晴レタ。

學田ノ　水ヲ　山ニ　行ッテ

田サンパ　カエリ、　作ル　ハギヲ

來年ハ五ガラム　カウテモ　ハル

ヲ　九月四日　火曜日　晴レタ。

四日
刺

シダ。
ヲ
コプ

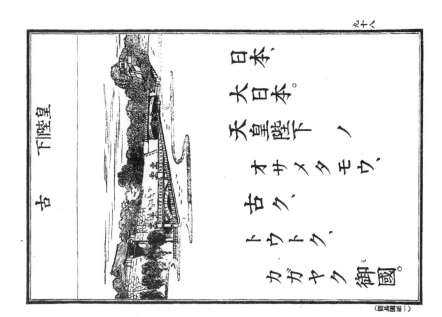

古　天皇陛下

日本
大日本。
天皇陛下ノ
オサメタモウ
古ク、トウトク
カガヤク御國。

民　正　強　心　國民

國民。
大國民。
心ヲアワセ
強ク、ゴトヲ
正シク、サカエル御民。

村

巡査(ジュンサ)サンハ、都(スベ)テノ村ヲ
一週間ニ一ドハ、ミマワリマス。
昨日(キノフ)ノ午後(ゴゴ)、イドカヘヲシニ
「ヨイ水ガワクデセウ。」

近　朴

來テレニ
近ヨッテ、朴サンガ
「オハヨウ ゴザイマス。」
ト アイサツ ヲ シタ ノデ、巡
査サンモ「オハヨウ ゴザイマス。」
ト イッテ シマイマシタ。
巡査サンハ、

刺

「コンニチ ハ゜。モウ午後デス
ヨ。」
ト、イワレタハデ、「コンニチ ハ゜。」
トイイナオシテ、ミンナ アカイ
カオヲ シマシタ。
巡査サンハ ニコニコシナガラ、
「近ゴロ コンノ 村ニ 來ルト、

(簡易學校國語讀本1)

(簡易學校國語讀本1)

語 語 豚

國語デ アイサツヲ サレル
ガ、ホントウニ ウレシイ。」
ト、先生ニ 語シテ オラレマシ
タ。
豚ガ ナニヒキ ンロシデ、川
ヲ ワタリマシタ。ブタ

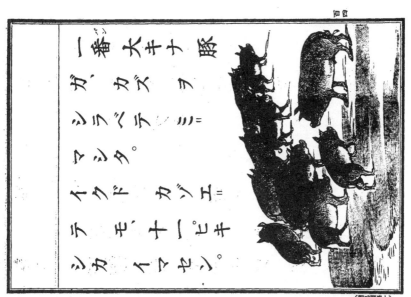

一番大キナ豚ヲ
ニ ゛ミタ。
クドモ゛ イテ
カゾエニ
ー ヒキ
シカ イマセン。

百五

コンドヘ
ホカノ豚ガ゛
カゾヘマシタ。
ー ヒキシカ
イマセン。
ミンナ
ー ヒキ タラナイト
大サワギ ヲ シマシタ。
元気

カ

ヲニギルカガアリマス。
ヨワタントカイモ゛コノ足ハ日
ニニナンカイモ゛トウイハタケ
ニニコキキシマス。
コノ手コノ足アルカギリ
デキナイコトガナイハズリ
デス。

父母

「アナタガタノカラダハ
天皇陛下ノモ゛ノ、
父母ノモ゛ノ、
キョウダイノモ゛ノ、
シ゛ブンヒトリノモ゛ノ
先生ノイツモ゛オシヘ
ナオデス。

66 간이학교 국어독본

毎空 稲ツ

茶ニ 色ヅキマシタ。

今年ハ マメガ ヨク トレマシタ。大豆ノ サヤモ 色ヅキマシタ。

空ハ 高クテ 毎日 ヨイ 日ヨリデス。

ボクラハ イツモ 元気デス。

上

羊飼ハ 村ニ アル 羊ヲ ツレテ 岡ニ ナイテ、シバシ ナイテ オリマシタ。

日ガ 海ノ 上ニ アガリマシタ。

海ハ オダヤカニ ナリマシタ。

舟

羊ヲ飼フモノハ、海ニ出テ、

デウリマシツトハ海ニ出テ

ガオキマス。

荷ヲ舟ニオキマス。

昆

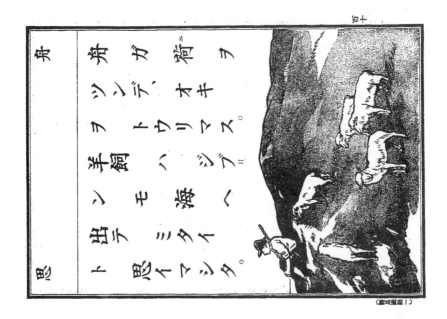

(普通讀本三)

(普通讀本三)

モウ飼ヰマシタ。

羊マシヤイマシタ。

羊ハ日ニヤセテ

羊ノ毛ハ日ニナリニ

羊ヲ

カスモヘツテ

風 ト

トウトウ羊飼ハ羊ノコト
モ ワスレテ、タ 一人 舟ニ
ノツテ オキ ヘ 出マシタ。
スルト タチマチ 大風ガ フイ
テ、シケト ナリ、舟ハ モトイ
ノ キシ ニ フキモドサレテ、シニ
イキマシタ。

夜

海 ノ 上 テ 日 ガ クレ、夜
ニ ナリマシタ。 ソコデ 舟 ニ
カラ シ タ。 トキ ヨリ 舟 ニ ノツテ 出 カニ
羊飼 ハ 羊 ヲ アロウ ト 思イ ツキ マニ
マイ マシタ。 デ ア ロウ ト ハ 羊 ヲ
マイマシタ。

見

タッタ　カニ　鳥ガ
カ　ハ　日ニ　イク　ケニ　デ゛カルヲ見ルト
近ヨリテ見ルト、一羽ノ鳥デス。
羊飼ハヨロコンデ陸ニ上リ、
羊ヲハナシマシタ。

羊ハタ゛。
空岡アルヒ、羊飼ハ上リマシタ。
日ニハカス゛モ、コエアト二イキマシ
ニハナイテ゛、海ハイマス。
マシモアエテ、鳥ハオダヤカ。
羊飼ハヤマシタ。

飼羊

海ハ
ムカッテハ
ニ カヘオトナカオイニ
三モン
「君モ
ウシテ
ネ。
ルヲ
シデ
ポ。

君

犬

ト キ・
ノ ナ ワニ
アンナヲコニ
ア マ オシヱニ
イテ カオシタ
シテ クレタ・
オカ ヲ
カウシ
デタ゛
ンシデ
大 アニ

간이학교 국어독본 권1 **원문** 71

タヨ。
ナ
ニ
セ
ワ
ト

タ
シ
マ
イ
イ

オ
ワ
リ

(補充圖書1)

昭和十年三月二十二日翻刻印刷
昭和十年三月二十五日翻刻發行

簡易國語　一　㋑

定價金十五錢

著作權所有

發行兼著作者　朝鮮總督府
京城府大島町三十八番地

印刷發行者　朝鮮書籍印刷株式會社
代表者　井上主計
京城府大島町三十八番地

發行所　朝鮮書籍印刷株式會社

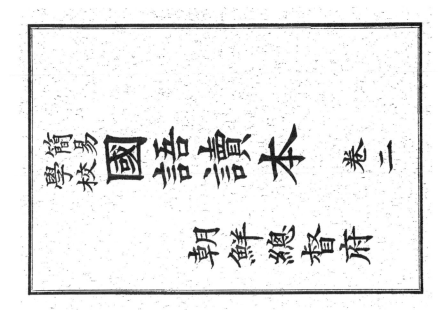

簡易學校 國語讀本 卷二

朝鮮總督府

簡易學校 國語讀本 卷二

朝鮮總督府

モクロク

モクロク

1

一　天照大神

天照大神ハ天皇陛下ノ御先祖デアラセラレマス。

大神ハ人々ニ稲・麦ナドヲ植エサセニナリ、カイコヲオカワセニナリマシタ。コウシテタイヨウニ人々ヲオイシミアソバサレマシタ。

大神ガ御マゴニナル瓊瓊杵尊ヲワガ国ニオクダシニナル皇位ニ、「コノ国ハナガク皇位ヲサカエテ天地トトモニ三種ノ神器ヲオサメヨ」トオオセニナリマシタ。コノ神器ヲオサニ、キワマリナキヨウニ行ッテオサメヨトオオセニナリマシタ。

おまつり
朝鮮

三種ノ神器ハ、皇位ノ御シルシトシテ、
ワガ國ノモトイトナリテヰマス。

皇大神宮ハ、天照大神ガオマツリシテアリマス。朝鮮神宮ニモ、
天照大神ガオマツリシテアリマス。

二キリキリス

サカノ下デチゲヲオロシテヰ

居（ゐ）
地（ち）
色
ゆれて

シテ居ルトスガバデ虫ガナ
キコエ出シマシタ。ナンノ中カラキコエテ来マ
スカ。

キキョウノ、アオムラサキ色ノ花ガ
キレイデス。セイノ高イスキガ
ユラリユラリ、ユレテ居マス。

大キナキリギリスヲ見ツケタノデ手

ヲ出スト ベット ヒラキマシタ。

オイカデ モ 一ド

ヤッパリ ニ ケラレマシタ。

キリギス ハ オ ナエ

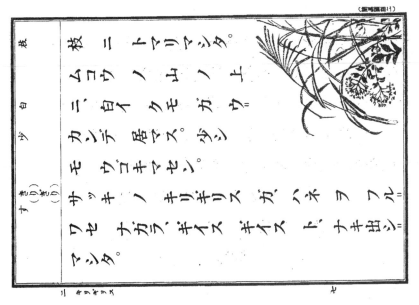

枝ニ トマリマシタ。

ムコウノ 山ノ上

ニ 白イ タモ ガ ク

カンデ居マス。ミ

モ ウゴキマセン。

サッキ ハ キリギス ガ ハネ ヲ フル
マシタ。カラ ギイス ギイス ト ナキ出シ
マシタ。

天ノ岩屋

天照大神(アマテラスオホミカミ)ノ御弟(おんおとうと)ニ、素戔嗚尊(スサノヲノミコト)トモ

申(まを)ス オ方(かた)ガゴサイマシタ。

氣ノアライ オ生マレツキデ、タビタビ

大神ヲオコラシメニナリマシタ。

大神ハ大ソウ御こまりニナッテ、

天ノ岩屋ニ、オベイリニナッテシ

マイマシタ。サア、タイヘンデアリマ

（紀元前二〇〇〇）

（紀元前二〇〇〇）

ヲタダニナッテ、オコリニナッタデ、サア、マ

ルイ コトガ オコリマシタ。

神サマガ、大神ニ岩屋ニ

カラ出テ イタダキタイト思イマシタ。

イロイロ ソウダンノ スエ、カンガヘラヲモケニ

シテ大神ノ御心ヲオナグサメモケニ

上ゲル コトニナリマシタ。

神サマガ、岩屋ノ前ニサカキヲ

三 天ノ岩屋　　　　　　　　　　　　九

タ゛ワセテ
テ゛シテ
カミ雞ヲ
カヲナカ゛
ニ ナカセタリ゛
タ カセタリ゛ シテシタ。
ヲ パシ
カケ ニ
マシ アニ
シタ゛ ア
ワ ニ

アリテ ノ
ノテ゛ 大神
キニ ナル
ノ 強イ 神サマ
スス 出テ゛ 岩戸 ヲ カ オゾ オモシロウナ

アケマシタ。
ヒカリ ガ パッ ト
ノ サシテ マタ゛ モ
タク ナリマシタ。明ル
神サマカ゛ ノ カオ
ハ ウレシンテ゛ニ
カガヤキマシタ。

四　オロチタイジ

素盞嗚尊（すさのおのみこと）ガ　アルトキ　川上ヲ　オアルキニ　ナリテ居タ。

川ノ時ニ　人ガ　居ルコトガ　アリテ　ナリテ　オバアサンガ　泣イテ居タ。

「ナゼ　泣イテ　居ルノカ」ト　オタズネニ　ナルト　オジイサンガ

尾頭　しむ（ず）め

「私ハ　コノ　尾頭ト　イヒマシテ、モ　ハヤ　頭ヲ　アツテ、モ　ハヤシ、スデニ　ヤマタノオロチニ　...

マタ、ニ
「マリマス」
テ、マイリマシタ。
シ、ノ、オコタエ申シ
イ、オチ、カ、申シヒゲマシタ。
シ、タク、シ、申シ上ゲマシタ。
近イ、カ、ニ、
サ、ワナク、オ影ナニ、ナ=
ニ、マイリマス」

素戔鳴尊ハ、カワイソウニ、オ思イニ、ナ=
ッテ、
「ヨシ、ノ、オロチ、ヲ、タイジシテ、ヤロ=
ウ。強イ、サケ、ヲ、タクサン、ツクレ」
ト、オイイツケニ、ナリマシタ。

オシイサン、ト、オ、アサン、ハ、大ツ力、ヨニ=
オコンデ、サケヲ、ツクリマシタ。尊ハ、
オロチノ、来ル、ヲ、マッテ、イラッシャ=
イマシタ。
アモナク、オロチガ、風ヲ、オコシテ来=
タ。マシタ。目カ、赤ウスキ、ハ、火ヲ、ハク、ヨウ、ニ、デス。

간이학교 국어독본 권2 원문 83

オロチ ハ サケ ヲ 見ツケデ、ヘツ ノ
頭 ヲ ハツ ノ オケ ニ 入レテ、三ホニマニ
シマシタ。ヲウシテ、ヨイツブレテ、シマイマ
シタ。

尊 ハ オロチ ヲ ズタズタニ オキリニ
ナリマシタ。

ソノ 時、ヘツ ノ 尾 カデ、ツルギ ノ
ツルギ ガ 出マシタ。コレ ハ メズラシイ

ツルギ ダ シブシ ノ モノ ニ シテ ハ
ナラナイ ト オボシ メサレテ、天照大神 ニ
オ上ゲ ニ ナリマシタ。

五 初穂

イヨイヨ、稲刈 ノ 日 ガ 来マシタ。私 ハ
タチ ハ、先生 ニ ツレラレテ、稲田 ニ
マイリマシタ。

稲 ハ 穂 ヲ タレテ、ミゴト ニ、ミノッテ

居マス。

田ニ オハイリニ ナッタ 先生ガ 大

キナ 穂ヲ オスキニ ナッテ

「天照大神ノ オカゲデ ゴザイマス」

トオッシャイマシタガ、ソレカラ

「天皇陛下ノ オカゲデ ゴザイマス」

トオッシャッテ モ 一本 オスキニ

ナリマシタ。

先生ハ 私タチノ

方ヘ オムキニナッテ、

「稲ガ ミノッタノハ

私タチデス。春カラ

私タチノ ホネオリ

モ　記念シアソヨカ゚

ト　オッシャッテ、三本目ヲ　オスキ　ニ
ナリマシタ。

メンレカラ　私タチハ　稲ヲ　刈リハジ＝
メマシタ。

　　六　俵サ゚ン　俵ツベイ

「ヨカイ」。

「ヒョリヒョリ」。

メガケテ　俵ヲ　アゲ、アヲ　エヲ　コエト　ワット
スズニマシタ。

「ヨイショ、ヨイショ」。

「ヨイショ、ヨイショ」。

赤ト白ガ　俵ニ　トビツイテ、カノカ＝
ギリ、引キアッテ　居マス。赤ノ　手デス。ア゚
マタ　ハレタガ　赤ノ　手デス。ア゚
マタ　ハレ゚。

86 간이학교 국어독본

一俵ヲ引イテ、トウ゛トウ゛白ク バインシタ。

見ルト、モウ一俵ノ方ハ 赤ガ マケカケテ居マス。

カッタ赤ノ子ガ、トシテ行キマス。

マケタ白ノ子モ、トシテ行キマス。

「ヨイショ、ヨイショ」

「ヨイショ、ヨイショ」

トウトウ赤ガ、カ゛イマシタ。

「バンザイ、バンザイ」

白カラモ、赤カラモ、バンザイノ コエガ高ク、アガリマシタ。

「明治節奉祝大運動會」ト書イタ ハリガミ コノ下デ、村ノ人ガ 大セイニ、コニ コシナガラ、見テ居マス。

간이학교 국어독본 권2 원문 87

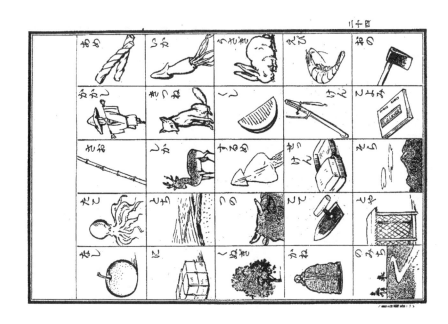

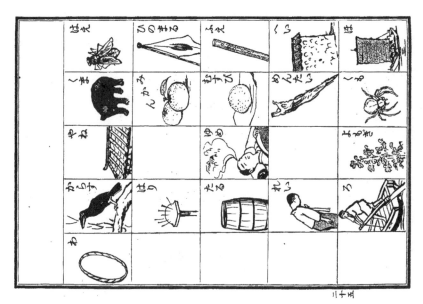

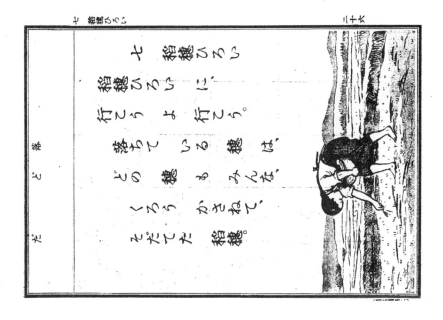

七　稲穂ひろひ

・稲穂ひろひ　に
行つて　も　行つて。
落ちて　ゐる　穂は、
どの　穂も　みんな、
くらう　かさねて、
むだてた　稲穂。

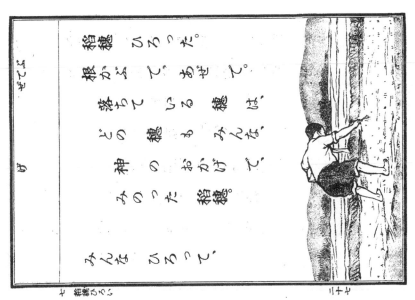

稲穂　ひろつた。
根から　と　あせ　と。
落ちて　ゐる　穂は、
どの　穂も　みんな、
神の　おかげ　て
みのつた　稲穂。

みんな　ひろつて、

ひろつて かへらう。

落ちて ゐる穂は、

この穂も かくな、

つぎが さうつて、

かごな 稲穂。

へ ゐる

おとうさんの ある作の の お手つだう

を しました。午後の 三時ごろには、

五六人は、はられる ぐらゐ の 穴が

てきました。

おとうさんが 穴の 上に 木を お＝

わたしに なりました。私が その 上

に ゐしろ を かけて 居ると、弟が

「にいさん 何を 作るの ですか」

と たずねるので、

「お前の 家を 作るのだ。

と　いつて、かへりました。

むしろ　の　上に　十を　あつた、穴の

中には　薬を　しまひました。薬は　薬

を　はこびました。ほんとうに　にんの　の

家と　思つたのか。

「にんの　は　にらわん　と　ねよう」

と　いつ出しました。

「お前　いくつ　ね　かへる」

むしろ

（第四課　二）

「かまねて　が　來るう　てしょうか」

「來る　か　もしれない　よ」

弟が、こたそうな　かほを　したので、

おとうさんが、

「てしょうてん　だ　よ」

と　おつしやつて、おわらひ　に　なりました。

私は、かうかねけれは　よかつた　と　思＝

ひ　ながら

むしろ

三十一

「いもや大根の家なのだ」
と、おしえてやりました。

　　　九　奉吉と乙星

奉吉と乙星は、となりあつて
居りました。

或年、二人は手つだいあつて稲を刈
上げました。その年は、あまりよい作
ではありませんでした。奉吉は

「乙星さんのうちは、あれだけの
稲では冬がこせまい。」
と思ひました。

奉吉は日がくれるとすぐそつと
家を出て、自分の稲束を五束乙
星の田にはこんでおきました。

乙星もその夜、

「奉吉さんのうちは、あればかりの

「稻たばが たまるだらう。」
と思ひました。
乙星は夜がふけてから そつと家を出て、自分の稻束を五束 奉吉の田にはこびました。
よく朝二人は 田に出ました。

自分の稻束を かぞへてみると ですが かわつて居りません。
ふしぎに思ひながら 家にかえりました。
「夜になつたら、もう 一ぺん はこんでおこう。」

간이학교 국어독본 권2 **원문** 93

と、に思ひました。

豊吉は夜になるのを待つて、自分の稻束をかついで、乙星の田へ向かひました。その乙に、乙星も稻束をかついで、豊吉の田へ向かつて居りました。

二人は、はつたと出あひました。

「あ、豊吉さん。」でしたか。」

「あ、乙星さん。」でしたか。」

二人は思はず、こえを あげました。

　　十　夢がた

せつかく のばた 夢なので、さめるのが かなしう です。

「さあ、もう一ど あらって みませう。」 さまれた 夢は あつて みえなます。」

米當季　早梁

先生の おことばを
思ひ出して、麦を ふみはじめた。ただ ふむ
ために ふむのだと思ひながら、さ
さっと ふんで 行く。
　もう 冬だ。今年は 寒さが 早く 來
るだらう。麦が 出たら 雪の 下
で、雪が とけたら 雪の 中で、三
月も 四月も たつのだ。さうして 春

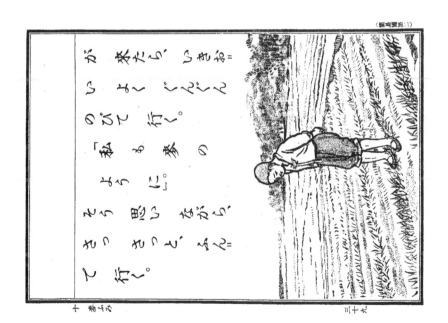

が 來たら、うまさう二
に よく ふんで
のが ゐて 行く。
「私も 麦の
やうに。」
さう 思ひながら、
さっ さっと ふん二
で 行く。

十一　二宮金次郎

二宮金次郎の家は、祖父の代にゆたかに〜らして居りました。父の代になってから、大そうびんぼうになり=ました。

その上、父が病気になったので、その日の食べ物にもこまるほど=でした。

父は、わずかばかりのこって居た田畑を自=分が食べなくても、子供たちに=ひもじい思をさせまいとします。金次=郎は、父や母の心がよくわか=を賣って藥代にしました。母は自=りました。

金次郎は、一足二足三足と作り上げたわらじを作りました。

96 간이학교 국어독본

買

を賣つて、父の すきな物を 買つて
さし上げました。

　　二十二　二宮金次郎（つゞき）

童

父は病氣が重くなつて、金次郎が
十四歳の時、とうとう なくなりました。

親

親子四人が あばらやに のこりました。
母は くらしに こまつて、すゑの子
を ひとうち に あずけました。その ほか

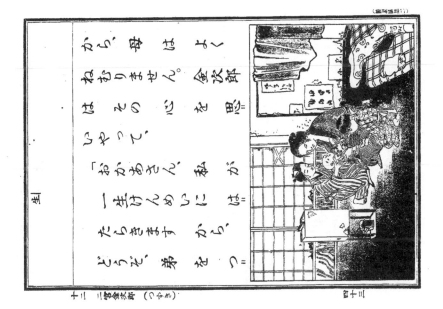

里

から、母は よく
ねむりません。金次郎
は その こ を 思=
ひやつて、
「おかあさん、私が
一生けんめいに
はたらきますから、
どうぞ、弟を つ=

下

「ねがひです。」
と うらました。

母 は じぶんは やすんでも こども=
ら すぐ、○○○ら に 行って、あぶけた
子 を つれかえりました。そうして 親子
四人 あつまって、よろこびあらました。
金次郎 は、それから 一ねん ま○ はた=
らきました。

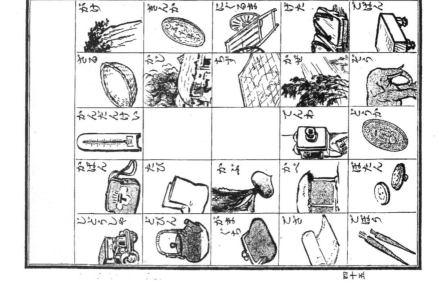

十三・うらしまたらう

昔、浦島太郎 といふ のょうし が あり＝ました。

或日、はまべ を 通る と 子供 が 大ぜ＝い あつまつて、かめ を つかまえて、おもちゃ に して 居ます。浦島 は かわいそうに 思つ＝て、子供 から その かめ を 買つて、海＝へ はなして やりました。

昔　通　供　海

それ から 三日 た＝つて、浦島 が 舟 に のつて 居ます と、大きな か＝め が 出て 来て、「浦島さん、このあいだ は ありがとう」と いひました。その お礼＝

て　上げま＝
した。せ中に
のると、かめは だんだん 海の
中へ はいって行って、まもなく うら＝
らく のしまひだ。

のうらく の おとひめは、浦島の来た
のを よろこんで、毎日、いろいろな ごち＝

そうを したり、をどりを あそびを
して 見せたり しました。

浦島は おもしろさが って、うち へ かへる
ことも わすれて 居ましたが、その う
まに、かへりたく なったので、おとひめ
に、

「いろいろ おせわに なりました。おまへの
ながく なのます から、もう おいとま し＝

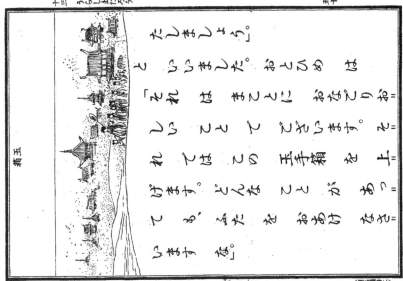

龍宮

たしました。
と いひました。おとの は
「それ は まだ はやい。お=
とひめ は まだ きて ゐませ。そ=
れ まで この 玉手箱 を さ=
げます。どこ へ いつて も あ=
けて も よいが、ふた を おあけ な=
さ います な。」

（二十二日課）

（二十二日課）

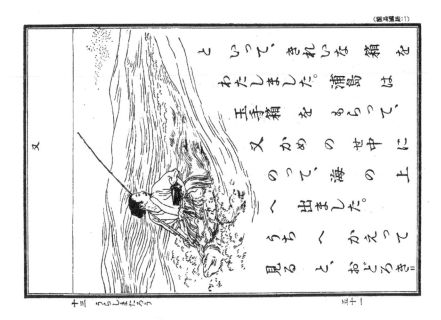

又

と いって、おれたる 龜 を
おだしました。浦島 は
玉手箱 を もつて
又 なみ の 海 の
上 の て へ 出 ました。
ふう と して おどろ
いた こと に は、
見 る と、おどろく=

まだ父も母もしんでしまつて、うちもありません。村のやうすもすつかりかはつて、居ます。しつて居るものは一人もありません。かなしくてかなしくてたまりませんから、あけてもらつたの〳〵だ...

おすれで、玉手箱をあけました。あけると、箱の中から白いけむりがはつと出て、浦島はたちまちしらがのおぢいさんになつて、しまひました。

十四　トケイ

「ダイブ　日ガ　ミジカク　ナリマシタ　ネ。」
「秋分ノ　コロト　クラベ　ニ　時間ヘ　ミジカク　ナツタ　デセウ。」

「モット　ミジカク　ナル　デショウ　カ」

「冬至　マデ　ハ　ミジカク　ナリマス。冬至

ハ　十二月二十三日　ゴロ　デス　ガ　ソノ

日　ハ　一年中　デ　一番　日　ガ　ミジカイ

ノ　デス。

「冬至　ノ　日　ハ　晝　ノ　長サ　ガ　ドレ

グライ　デショウ　カ」

「九時間半　グライ　デス。ソレ　ダ　カラ　夜

ノ　長サ　ガ　十四時間半　バカリ　ニ　ナリ

マス。

「ズイブン　夜　ガ　長イ　ノ　デス　ネ　日

ノ　一番　長イ　ノ　ハ　イツ　デショウ

カ」

ノ　一番　長イ　ハ　夏至　デス。」

十五　私の部落

私　ノ　部落　ハ　戸數　ガ　四十三　アリマ

ス。北　ト　西　ニ　ひくい　山　ガ　アル

ので、冬は寒い風があたりません。

部落の年よりが、

「この部落は一時間早く夜が明=
け、一月早く春が來る。

とよくいうますが、ほんとうにさう
です。

税兩長
道路

面長さんが、私の部落は税をよ=
く おさめ、道路の手入がよいと、

ほめて下さいます。それよりも、部落
の人は「うちも前から物を
ぬすまれたことがない」ということ
を、一番じまんにして居ます。

一月ほど前、先生が部落を見まわ=
りに來られました。田がよくだやさ=
れて居るのをごらんになって、

「ああ、よい部落だね。」

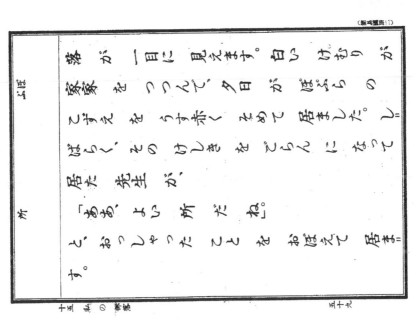

とおつしやいました。

夕方先生がおかえになるのを、部落のはずれにあるとうげまで、お送りいただきました。

とうげからは、部

落が一目に見えます。白いけむりが家家をつつんで、夕日が赤くそめて居ました。こすえをうすく、そのけしきをぢつと見て居た先生が、

「ああ、よい所だね。」

と、おつしやつたことをおぼえて居ます。

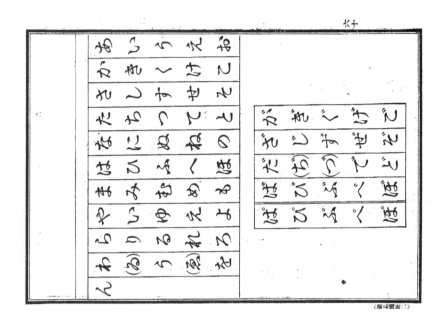

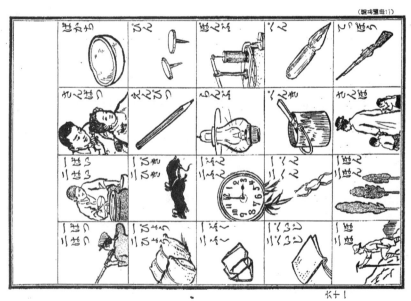

106 간이학교 국어독본

十六　はがき

毎日寒い日がつづきます。おとうさんのおうちではみなさんおかわりもございませんか。こちらは父も母もたつしやて居りますから御安心下さい。お正月にはせいおいこさい。母がおとうさんの大きな物をこしらえてお持ちして居るとと申しました。さようなら

正安

郵便はがき

京畿道水原郡
水原邑南水里十番地

金　東　奎　様

京畿道加平郡外西面
清平里三五
十二月十五日

金　文　吉

간이학교 국어독본 권2 **원문** 107

空 無形 紙、

十七 空氣

空氣ハ 形 モ 色 モ 無イ カラ、目
ニハ 見エマセン ガ、ドコ ニ デモ アル
物 デス。
コップ ノ ソコ ニ
紙 ヲ ハッテ コレ
ヲ サカサマ ニ シ
テ、マッスグ ニ 水

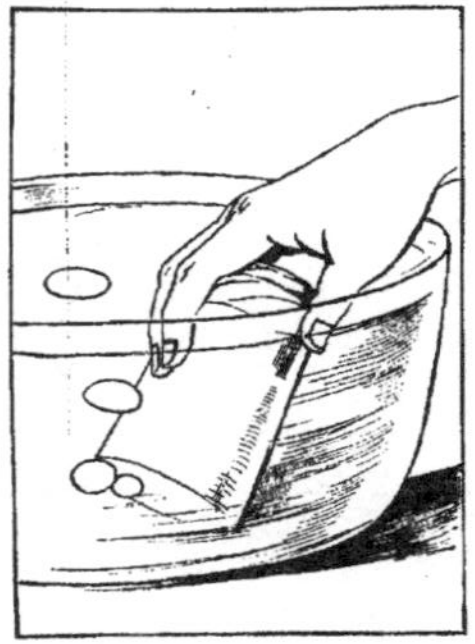

金

ノ 中 ニ、シズメテ ゴラン ナサイ。ソノ
紙 ハ ケッシテ ヌレマセン。コレ ハ コッ
プ ノ 中 ニ 空氣 ガ アッテ、水 ヲ
ハイラセナイ カラ デス。
火 ガ モエル ノ ハ、空氣 ガ アル カラ
デス。ランプ ハ、口金 ノ 小穴 カラ、ホ
ド ヨク 空氣 ガ 通ル ヨウ ニ、作ッテ
アリマス。ソノ 小穴 ヲ フサグ ト、火

十七　空氣

火ガヨクモエルノハ、空氣ガサカンニオクラレルカ＝
ラデス。

ヨゴレタ空氣ハ、カラダノタメニヨクアリマセン。

人ガ大ゼイ居ル町ニハ、ヨゴレタ空氣ガ多イデス。

町ノ空氣ハ、ヨゴレテ居マス。イナカノ空氣ハ、ヨゴレ
テ居マセン。

イナカ

（左欄語彙）生キ　町

ノキレイナ空氣ヲコキウシテ居ル人ハ、シアハセデス。

十八　にんぎやう

杉の木きれで人形を作りました。

小刀がよくきれないので、目をほ＝
るのにほねがおれました。

かほを白くぬって居ると、

「着物は黒いのがよいね。」

（左欄語彙）刀　形　杉　黑　白　着物

墨、刷

と、文吉君が　いゝます。それも　もう　だ
と思って、青物は　墨で　ぬりました。
みんなが、
「うまく　できた。じやうず　だ。」
と、ほめて　くれました。先生は
「なかなか　よく　て＝
まだ　色を　つけ
ない　方が　よかつ＝

(第九圖其:1)

(第十圖其:1)

教材

百圓(円)

だ　と　思ふ。本目が　きれい　だから。」
と教へて　下さいました。
文吉君が　ねん土で　牛
を作りました。
「こんな　牛なら　百圓
は　する。」
と、いつて　ゐましました。
「これては　豚と　まちがへる。」

110 간이학교 국어독본

馬

つ

ち

「足が長いから馬だ」

みんながらくがきをしてゐま＝

すので、文吉君は

「このがある勝か……があ……

ある馬は無い」

といひました。先生が

「これも中々よくできた」

とおほめになったので、文吉君は

（挿畫略：）

（挿畫略：）

牛車

数

と……うちにみんなのかほを見ま＝

しました。

　　十九　牛車　と　ともだち

　　　　牛車

ことことがた。

がたがたこと。

山すそをまわった数をつんだ牛車

があらわれました。……から上の一ロ

峠

の峠を、一氣に すべり おりて しまう。

牛方が あわてを ならして 牛を おい＝
ました。

牛の いきが 白く あがる。

しばらく だつて 牛車が 見えなく なり＝
ました。

ことこと かた。

かた かた ことこと。

車の 音が かすかに きこえて 來ます。

貞姫さん

貞姫さん と その 妹が 向うから い＝
そいで 來ます。

「どこへ 行くの」

「お薬とりに」

「だれが 御病氣」

二人は あわてて 後を ふりむいて、

「おかあさんが

と言つたままではいつて行きました。

文吉君

文吉君が豚の前中をこしくこしてやつて居ました。豚はいつにして居ます。

「近ごろ何を食わせて居るかね。」

「まだ赤いものをやつて居る。」

「さうがだらう大きくなつたね。」

「買ひに來た人があつたよ。」

文吉君はさう言つてから

「賣るともるとほがわらひながにはなる。」

と言ひました。

二十番の日

豚がしづかにいつてゐる。

薬をもつて書くこと。

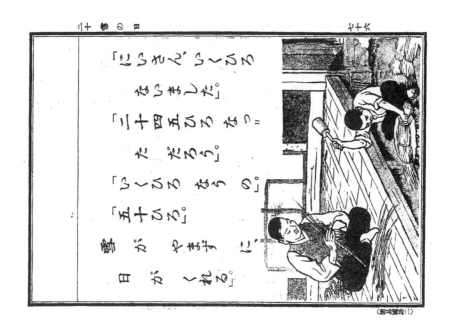

（第二圖書）

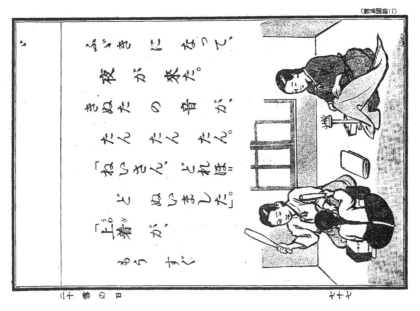

鳥顔其

　・し上る　よ。

「上着　が　すむ　の。」

「し上げる　よ。」

ふくき　の　うち　に　夜　が　ふける。

二十一　フクロウ

フクロウ　ハ　オモシロイ　カタチ　ノ　鳥
デス。フクレタ　カラダ、マシマルナ　目。顔
ハ　ネコ　ノ　ヨウ　デ、其ノ　上　ホウ　ニ

イク　ト　イフ　鳥　ハ　大　ガ　イ
ネコ　鳥　ノ　ニ　此　ノ　鳥　ヲ　イジメタリ、
ホコ　ノ　ニ　鳥　ヲ　シテ　夜　ガ　明ケル　ヤ
食ク　ノ　デ　ホカ　ノ　鳥　ニ　シテ　アベニ
テ　アリマス。其ノ　中　ニ　夜　ガ　明ケル　ノ　デ、森
ト　アリマス。其ノ　ホカ　ナル　ノ　デ
ヲ　モ　ニ　ナル　ト　見エ　ナク　ナル　ノ　デ
所ニカ　見エ　ナク　ホカ　ナル　ノ　デ
夜目ガ見エル　ノ　デ　コロシテ　エニ
ヲ　レツマ　レマコロシマフリマス。
ト　目　ガ　見エ　ナク　ナル

간이학교 국어독본 권2 **원문** 115

木ノ枝ニ止ツテ居ル鳥ガ、ホノ枝ニ止ツテ、「ア

ニアリマス。「ア　リ」カ、「アニ」

言ナイバカリニ、見ツケテ、イジメマス。

居ル鳥ガ、ト言フト、ホカノ鳥ガ、キマス。モズハ

シテ居ルコヲ言ヒタイバカリニ、ト、ホカノ鳥ガ

リスルトホカノ林シナリスルト、鳥ハ大キナ

大イクチバシテ、小サイガマケズ氣ノ鳥デ

高イ所カラトンデ來ガケニ、タニ

ロウノ顔ヲケツテニ

「キイキイ」トカチニ

雀ハヨワイ鳥デス。

雀ガヨバレテヨツテ

タリシテバカニニ

116 간이학교 국어독본

鳴

フクロウハ、シカ……マス。……ノデ、大キナ目ヲ見ハッテ、キヨトキヨトシテ居ルバカリデス。

フクロウノ鳴キゴヱハ、所ニヨッテ色々ニ言イマス。フクロウガ鳴クト、其ノ明クル日ハ天氣ガヨイカラ、「リッケホウセ」ト鳴クノダト言ウ所モアリマス。

縄（繩）
織

貞吉（ていきち）の手は、細繩（ほそなは）をなって居るようにねばって居ます。貞吉の父母は、なはをなって居ると、だいぶつかれたように見え……

「お前に繩をなってもらうので、お織がはかどるよ。」

と、母が貞吉に言いました。

真吉は元氣を出して、鍬をなほ出=
しました。

「去年は二百枚織つたが、今年は
三百枚は織るつもりだ。

と父が言ひました。

「三百枚。

真吉はおどろいて、こゑをあげました。

「なあに、織るよ。お前も手のつて=

（國語讀本二）

くれるのだから。

父は織る手をやすめないで、なほ
も言葉をつづけて、

「田畑の作だけなら、年に七八十
日も働けばよう。あとの二百七=
八十日をあせんでいるのはもつた=
いない。雨のふる日や冬の間=
が、かえつていちばんいくらでな=

樂

　くらしは樂になるだらう」
と言ひました。

とん　つう　とん　つう

おきの音がしてがしてくらに　きんえます。

貞吉はねつきに鰹をならつけまし=た。

（第四國語讀二）

（第四國語讀二）

第　著　谷　道　達

二十三　神武天皇

神武天皇は、わが國の第一代の天皇でいらせられます。

天皇が大和のわる者を御せいばつになる時は、大そう御苦勞をなさ=いました。

お進みになる道すじは、山がけわしく、谷が深い、道さえありません。

天皇は兵士をはげまして、道を二

らきながらお進みになりました。

神々は天皇をおまもりになり、兵

士は勇ましくたゝかひました。

或時はかれいえて、おまよひにな二

て居ると、うつくしな鳥があらはれて

道あんならをしました。

又、或時のことでございます。ある者

兵士
弓矢

(神武天皇二)

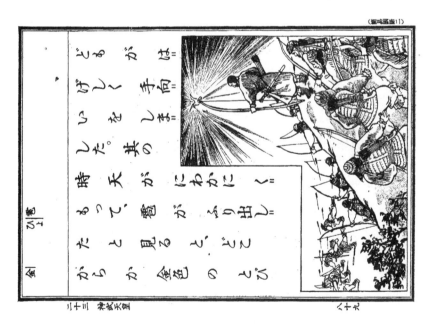

(神武天皇二)

どもが、は二

げしく手向二

いをしま二

した。其の

時、天皇が

もって居ら

れた金色の

金
鵄

120 간이학교 국어독본

弓 光 軍

が とんで 來て、天皇 の お弓 の さき
に 止りました。其の とび から 出る 光
は、まるで いなびかり の よう です。わ=
る者 ども は 目 が くらんで、たゝかう
こと が 出來なく なりました。
天皇 の 軍 は、大いに 勝つ こと が
出來ました。
こうして わる者 を おたいらげ に なっ=

式 祝 元 千 ぴゃ 曇

て、御即位 の 式 を おあげ に なりま=
した。
二月十一日 が ちょうど 此の 日 に あ=
たる ので、紀元節 として お祝 いたし=
ます。此の 年 が 紀元元年 で、今 から
二千六百年 ほど 前 に あたります。

二十四 汽車 ノ 音

アル 曇ッタ 日 ノ コト デス。ゴウ ゴ=

キコニ音ガナヨクノリシナ三カトデ、来マシタ。先生ガ、エテ来マシタ。

「汽車ノ音ガヨクキコエマスネ。

今日ハ汽車ノオ話ヲシマショウ。」

トオッシャッテ、色々話シテ下サイマシタ。

私ハ、レール・キカシ車・客車・貨車ノコトナドガワカリマシタ。又、遠ク

行クコトヤ、郵便物ハ汽車ニノシテ行

郵便物ハ朝、新義州ニツケルコトガ

釜山ヲ立テバ其ノ日ガ

ノ中ニ、行クコトガワカリマシタ。

金サンガ、

「先生、汽車ハ山ヤ川ヲドウシテ

コスノデショウカ。ミンナガモットモナト

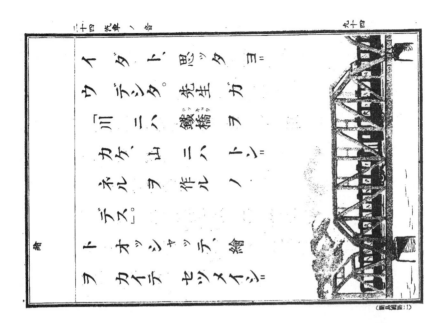

ヨニ思ッタ。
先生ガ「川ニハ鐵橋ヲ作ルノダヨ」トオッシャッテ、繪ヲカイテセツメイシ

繪

テ下サイマシタ。
「先生汽車ノ音モ依ムキコエマスカ」ト、キイタデショウモ、キイテシタ。

休

「汽車ハ休ミダリ、オクレダリスルコ
トガアリマセン。
曇ッタ日ヨリ、晴レタ日ヨリ音ガヨク
キコエルノデス。」
ト、先生方教エテ下サイマシタ。

二十五　大豆の撰

ころ　ころ　ころ　ころ。

「おかあさん、お手つだひしませうか」
「手つだつてくれるなら、此のざるの
方の大豆をよつて下さい」
「はい」
「虫くひの無い、圓いのを殘すので
す。白目と茶目をより分けて粒
をそろえて下さいよ」
「はい」

こう こう こう こう。

「一粒づゝ見ると、どれもかはらし=
い顔をして居ますね。

「さうだね、此の一粒が秋には百=
粒にもなつてくれるのだよ。

「ふしぎな力が有るのですね。

　　　　二十六　第の牛

石田君の弟と私の弟は大そう=
なかよしであそんで居ます。
弟たちの牛は瓦なのです。瓦=
に繩を通じたのが牛だと い=
繩のはしをにぎつた弟が、いかめ=
しうと又て牛をはけましす。石田=

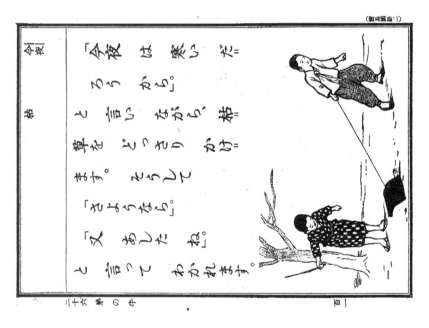

君の弟はだまつて、尾をた、き、行く
すゞらしくです。尾が右にひ、ると
のです。
「よむ牛だ。」
といの間にか國語をおぼえた
弟が、さう言ひます。
夕方には、アカシヤの木に牛を
つなひて、

（三二圖版第二）

（三二圖版第二）

「今夜は寒い だ＝
　らうから。」
と言ひながら、椿＝
草をどいての、かけ＝
ます。さうして
「さようなら。」
「又あしたね。」
と言つてわかれます。

126 간이학교 국어독본

三十七　よもぎ

「よもぎ が 生えて 居る よ。」

「何 よもぎ が。」

石田君 の この えを 聞いて、李君 が か
けよりました。二人 は よもぎ を 摘んで
めづらしさうに 見て 居ます。

「南 へ 向いた 此の ところ に 春 が
來ました、まつさき に。」

石田君 は、歌ふ やうに さう 言って、

あと は びら〃〃 口笛 を ふきました。

太陽 の 光 が 二人 に 一ぱい あたっ
て 居ます。

「今日 は あたゝかい ね。」

「うん、石田君、かけっこ しよう。」

二人 は すぐ かけ出しました。さうして
松林 を かけまはって 居ます。

二十八　日記

三月九日　金曜日　曇

農具ヲ大切ニシナケレバ人前ノ
農夫ニハナレナイト思ツテ農具ヲ
シラベタ。

鍬三、唐鍬二、ホ三、四、鎌二、鋤一
ナオシタ。
エガユルシダノヲナオシタ。

三月十日　土曜日　晴

（朝鮮語讀本二）

陸軍記念日。先生ガ奉天會戰ノオ話ヲ
シテ下サッタ。ワガ軍ノ強イコト
ヲ思ウ。私モ軍人ニナリタイ
ト思ウ。

午後、温床ヲ作ッタ。日アタリガ大ツモ
甘藷ヤ茄子ノ苗ヲシタル
ダ。リダ。

二十九　畑打

私は　こちらの　はしから、おとうさん
は　向うの　はしから、畑を打ちはじ
めた。

ざくりと　打つたび　鍬。ふっくりと　おきる
土。食べたら　よさそうな　美しい　土だ。

「おうい、深く　ほるんだよ。」

おとうさんの　大きな　声が　する。

力
と
美
深

「はあら」

と、こたへて、一どに打ち込む。

畑は まの黒な土に かわって しだ=
らに まれらに なって 行く。おとうさん
が三睡 打つ のに、私は 一睡 しか=
打てない。それでも 夕方まで に ナア=
ートを 打上げた。

おとうさんの お顔が 汗で 光って

居る。つめたら 水で 鎌や手を あ=
らひ からだを ふいた。

鎌を かついで かへり ながら、ふりか=
えって 見ると、畑が 笑って 居る
ように 見えた。

三十 くる土

らちの 畠は ほんとうに 懸がった ら=
ひう。雨が 降ると かたく なるし、日=

照
集業砂

が照れば、すぐ かわ～ のに、おじいさん
は「何といふ大きな魚だ」と、
たのしさうに、それを
ながらも、それを人れたり、藁～す
や木の葉を集めて運んだの。それた
ものだ さうだ。
おじいさんの おかげ で だらぢ よく
なつたが、おじいさんが五年ほど前

堆肥
親

にはこのはこに、かへ推肥を人れて、すつかり
したのだと いふことである。
「畠は人の にが よく わかる」と
みえる。人も畠の にが よく われ＝
からなくて は いけない。畠が ほし＝
つて居る物を あたえて、親切 に
まごころを つくせば、それだけの
ことは ある もの だ。

おきのである。

　　三十一　昔脱解(せきだっかい)と天日槍(あめのひぼこ)

　　　内地と朝鮮

朝鮮の南の方に住んで居た人々は大昔からさかんに内地と往来いたしました内地からも朝鮮に来た人がたくさんありました。

内　住　往

それもその一つで、内地と朝鮮とは海も近く、其の上こちらがよいので、小舟でも往来が出来たのです。

日本海

昔脱解

流

脱解は内地から來て王になる

新羅の王の昔脱解と居ますが、それには次のよ
う...な話があります。

王の父は脱解が卵で生まれましたから「不
吉だ」と海に投じてしまはうとしましたが、母は
その卵をきぬにつつみ、寶物と一しよに箱に入れて海に
流しました。

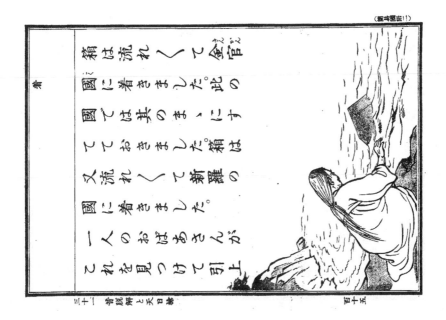

箱は流れ〳〵て金官の
國に着きました。此の
箱は其のまゝ流れて新羅の
國に流れ〳〵て着きました。一人のおばあ
さんがこれを見つけて引上
...

男

事

魚

上手

けて見ると、箱の中には、王のやうな男の子が居ました。おばあさんは大そう喜んで、自分の子にして居ました。

脱解はだんだん大きくなりました。魚をとることが上手で、毎日海へ出て働きました。親切におばあさんをやしないました。

或日、おばあさんは脱解をよんで、色々脱解

（開鳥圖書二二）

（開鳥圖書二二）

身

學問

例

倍蔵

の身の上を話しました。さうして、「今からは人になれ」と教えました。

其の後、脱解は一心に學問をはげみました。國王は脱解をだんだんかはいがりました。學問をして、名高い人になって、色々御やくにたちました。

脱解は六十二歳で王位をつぎました。

今の月城は、此の王がお住みになった所だ

と申します。

天日槍

垂仁天皇の御時のことでございます。内地の或海ばたに見なれない一そうの船が着きました。天皇はそのことをお聞きになり、使をつかはして、

「どこの國の者か」

と、おたづねになりました。

（二百十六）

（二百十六）

はな、その一人が進み出て、

「私は新羅の王子で天日槍と申す者でございます。天皇のお治めになる、此の國の人になりたいと思

うてまゐのました。

と申しましたさうしてたくさんのたから
物をたてまつりのました。

天皇は日槍のねがらをおゆるしになりま
した。さうして土地をさづけようとおうせ
られました。日槍は

「まことにありがたうおうせでござりま
すが、私のねがらは、じぶんにかなつた所に住

まわせていただくことにござります。」

と申し上げました。

天皇はそれもおゆるしになりました。
日槍は方々を歩いて見て、但馬國に住みま
した。

おわり

136 간이학교 국어독본

(書方教本二)

昭和十年九月二十八日翻刻印刷
昭和十年九月三十日翻刻發行

簡易國語 二 下
定價金十五錢

著作權所有

著作兼發行者 朝鮮總督府
京城府大島町三十八番地

翻刻印刷發行者 朝鮮書籍印刷株式會社
代表者 井上 主計
京城府大島町三十八番地

發行所 朝鮮書籍印刷株式會社

簡易學校國語讀本　卷三

朝鮮總督府

簡易
學校 國語讀本 卷三

朝鮮總督府

目次

目次 一

第一　四月三日

もう れんぎようの春が來た。
四月の山に風が吹く
三日の磯をひらく〳〵と
舞はせて春の風が吹く。
今日は神武天皇祭。
我が日の本のいしずえを
かためたもうた御いさお

旗吹

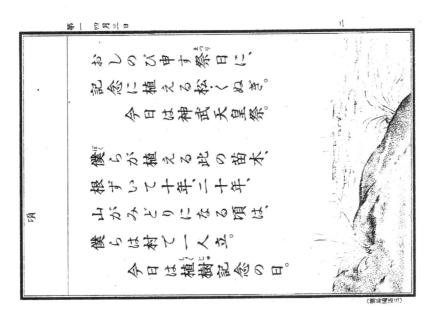

今日は神武天皇祭。
記念に植える松の
のびる日に、
すくすくとのびぬき。

僕らが植える此の苗木、
根づいて十年二十年、
山村で一人立。
僕らは今日は植樹記念の日。

山の上から見わたすと、
我が村里の春は今。
戸毎に立てた日の丸の
旗に四月の風が吹く。
今日は植樹記念の日。

第二　一年生

先生のおいつけで二年生が一年生に名と

くんじの仕方を教えることになりました。

私は金貞植をよんで教えました。

「金貞植。」

「はい。」

「名前は。」

「金貞植であります。」

こんな問答を何度くりかえしたかわかりま

（仕）

（度）

せん。

貞植は私がすゝめて入學させたのですから、れ

りつ口をあけてぼんやりして居たらしせいが

わるかつたりしてはならないと思つて気を

つけ惡のかつたりしてはならないとも教えました。

其の日の午後に一年生のてんこがありまし

た。先生が一人々々の名をおよびになりまし

た。いよいよ貞植の番が来て、

（後）

（入）

第二一年生　　　　　　　　　五

「金貞植。」

と、およびになつた時は、自分がよばれたやうには、はっとしました。

「はい。」

貞植のくんはばっきりして居ましたし、せいもおつぱでした。

「よろしい。」

と先生がおつしやいました。私はうれしくてたまりませんでした。

てんとがすんてから先生が

「今年の一年生はなかなかりつぱだね。」

とおほめになりました。みんなうれしさうに顔を見合わせました。

第三　甘藷と馬鈴薯

甘藷が温突で寝て居ると、外がこいのすき間から馬鈴薯が顔を出しました。さうして次のやうな問答をはじめました。

「君は何といふ仕合わせ者でしよう。温かい

上等

「……居られるなら、これらの外のよりもうらやましくて、うらやましくてたまりません。」

「馬鈴薯君、此のやうに居られるなら、これらのものはかうしてもらへばうらやましくてたまりません。」

「僕は今にからだをうすく切られて、ついに灰にされます。一日でも此のやうに住んでみたいものです。」

「僕はからだを切られませんが、芽を出す……」

反　切懐

まられたちは蔓になり、蔓は蔓根をはらして根をつくだけで、僕の苗は甘藷は蔓根をはやして、蔓は蔓根を出るのだと言ふことをされるさうだと蔓を大きくぬらし、返しをして蔓を摘みとることがあります。

「僕も花を咲かせて樂しもうとすると馬鈴薯は地下莖が太るのだ花はいらないと言つて摘まれることがあります」

「僕は芽を摘まれて今に捨てられるのですよ君は親の役目をはたすまで子いつまでも同じ株に居られるではありませんか」

さう言われて馬鈴薯はだまつてしまいました。

其の時太陽が雲の間から顔を出しました。あ

（三島通良編）

たりがほか〱と暖かくなつて、多くの不平はいつの間にか消えていきました。

　　　第四　桑

養蠶ハ朝鮮ニ適シタ産業デス。

養蠶ヲスルニハ桑ガイリマス桑ハドテニデモ畦ニデモ植エテ育テラレマス良イ品種ノ桑ヲ接木デシタノヲ育テルコトガ出来マス山桑ハスルニ桑ヲ接木スル人ガアツテモ育テハナリマセン。

桑ノ移植

苗圃ニ植ヱマスガ、一本ノ木ニ切リマス。苗圃ニ植ヱタモノハ、本圃ニ移スノデ、移シ木ト言ヒマス。桑ハ強イ木デスカラ、芽ヲ切ツテモ生イタモノニハ、賣リツキガアリマス。

桑ノ仕立方ニハ、立通シ・高刈・中刈・根刈ナドガアリマスガ、土地ニ適シタ方ヲトラナケレバナリマセン。

桑ノ種類ニハ、市平魯桑・島ノ内ナドト色々アリ

マスガ、土地ニ適シタモノヲ植ヱルガヨイ。桑ニハ堆肥ヤ緑肥ヲ施スト良イ。肥ヲ施シテ桑ニ大ク植ヱタ時モアリ、又肥料ガアリ肥料ヲヤル者ガアルト、ソノ方ガヨイ。

養蚕ハ農家ノ副業ニハ大切ナモノデス。繭ノ値ハ安イ時モアリ高イ時モアルモノデス其ノ畑ヲスルコトデス。

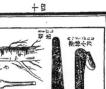

第五　良い大根

大根はもと野山の雑草だったのが、これに人が色々手を加へて、作物にしたのです。

大根には色々の種類があり、又それぞれの適した土地があって、ほかの土地では良く出来ません。たとへば練馬大根は形や味がほかの大根とちがっていて、本場のもののやうに良くはできないことがあります。ちがふ土地でも、気候や土質、工夫次第で本場物のやうに作ることが出来ます。良い大根を作るには、まづ大根の性質につ

優良品種

作物	優良品種
大麥	銀坊主　埼玉在来　六號　水原四號　水原　多收坊主　白樂神力
小麥	ツルゲ　白樂　純系
大豆	在来種　長崎大豆
甘藷	元氣藷　四十日
大麻	長崎　赤種
除虫菊	栃木種　福陸種　早生
大根	愛宕院重宝　方領　練馬聖護院
白菜	京城包　別城進白菜　開城白菜　改良鼠返
桑	島市ノ内　魯桑　改良鼠返

て知ることが大切です。次に其の土質や其の畑の気候を知り、地方が種が適するかをしらべてどんな作物が適するかを考へるのも大切です。それをうけなければなりません。本場で練馬大根を作るにし

考（labelマージン）

ても、もとをすることにもあります。ものもと雜草に手をかへ色々と手をかへ、工夫の大切なわけをわきまへて、はらつておけば、してしまひます。農業がたいせつなわけをわきまへて、ものもとをする人にもあります。

勤勉（labelマージン）

第六　田道間守

垂仁天皇の御代のことでございます。天皇は、天日槍の子孫の田道間守をおめしになつて、「常世の國に行つて、橘の木の實をとつてまいれ。」とおほせられて

御利　質（labelマージン）

150 간이학교 국어독본

田道……けて……て……おり……になつ、……命じ……れ。
と、お命じになりました。

帝の國は遠い、南の國で、空のやうにも越えて行かなければなりませぬ。廣い海をこえて、田道間守は山のやうな波を、木の葉のやうな小舟

（第三國語讀本）

廣

波

で乗り越え、勇んで舟を進めました。

田道間守が橘の木の實をとつて歸つたのは、みやこを出てから十一年目の春でそのまま歸つてみると、天皇は前の年の夏におかくれあそばされて居りました。

田道間守は天皇のみささぎの御前に祭壇を作つて、橘の木の實をささげました。さうして、

「たゞ今橘の木の實を持つて歸りました。」

棄

夏

持

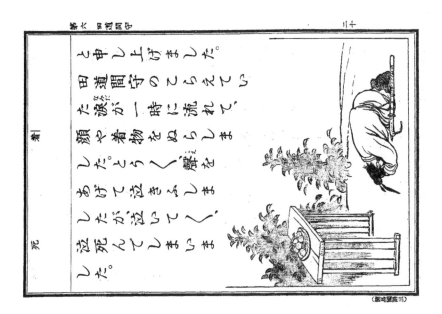

と申し上げました。

田道間守の涙が一時に流れて、

顔や着物をぬらしました。こゑ聲を

あげて泣きふしましたが、泣いて

泣き死んでしまひました。

割

死

（川崎画伯筆）

第七　豆蒔

私は今日豆蒔をしました。一二と足を運んで、

二の足のかゝとのあとを穴にして、大豆を三

粒ずつ落すのですが、うまく穴にはいつて、

ねます。何度もかゞんでは拾つて入れましたが、

たが足先で土をかけるのを忘れて、何度も

おとうさんはなれたもので、さつさと蒔いて

て行かれます。私が汗をかきかきながら一畦蒔く

蒔

運

拾　割

蒔　割

152 간이학교 국어독본

旅配

晴れになりました。お天気もよくなつて、間にふと、私の蒔いた大豆が生えるだらうかと心配になりました。大豆だつて、土をかけなかつたり蒔いては生えなかつたと、私はそんなことはないと思ひながらも、安心が出来ないので、もう一度夕方までにすつかり蒔きをへました。だから蒔いたあとをしらべました。

なつた。鍬を肩にかけて居ると、おとらさんが、

「日和が良いといゝが。」

とおっしやって空をごらんになりました。

第八　日記

五月二十五日　月曜日　晴

朝ノウチニ苗代ノ娯虫ヲトル。（蛾五匹。）

學校ノ苗ガ三百本。

甘藷ノ苗ガ三百本。

學校デ仕立テタ苗ガ三百本。

學校ノ苗代會カラ苗ヲ郡ニ仕立テタ苗。

十本モラッテ歸ル。

五月二十六日　火曜日　曇

螟虫ヲトッタ。（蛾三匹。）

學校デ養雞當番ニアッタ。

金員雞糞ヲ集メタ。

金員植ニ算術ノ引算ヲ教エタ。

夕方甘藷ノ苗ヲ植エタ。

五月二十七日　水曜日　晴

今朝モ苗代ヲ見マワッタガ螟虫ハ見ツカラ

ナカッタ。

今日ハ海軍記念日國旗ヲアゲタ。

先生カラ日本海々戰ノオ話ヲキイタ。

今日ハ先生カラ學校ニ集ッタ。村ノ人

モ五十人バカリ學校ニ集ッタ。

第九　コンクリート

コンクリートは、セメントと川砂と砂利を一・

三・五、又は一・四・六の割合にまぜ、更に水を加え

て用意の作り枠に打ち込むのである。これを用いるに

は、これを練り合わせたものである。これがぬれむ

岩 しろをる。一日に三回ぐらゐ水をそゝぐと
回回 早く良く固る。
例料 セメントは石灰岩を小石位にくだいて粘土
粉 をまぜた物を更に粉にして石膏などをまぜた物で
ある。
漆料 肥料溜などは粘土で作るものもあるが、コンク
リートで作るとよく、完全になる。

（挿圖省略三）

（挿圖省略三）

利 今日建築・土木などにコンクリートを用ゐる
ものは非常に多い。此の用ゐ方に慣れたもの
便利 これは非常に便利である。

第十 虫の一生

一

飛 日が暖かに照り出すと葉のかげで夜露をさけ
て居た蝶がひらひらと飛出して花の蜜をさぐり
に出かけます。
皆 皆さんはあの美しい蝶はどうなるのか考え

たことがありますが。

二

增さんは大根畠などで
もんしろ蝶がはねを
合わせて死んで居る
のを見たことがあるで
しよう。文菜の葉のう
らに産みつけられた
小さな卵の列を見つ

例

（挿畫其三）

（挿畫其三）

けたこともあるでしよう。

蝶は卵を産む間もなく死んでしまうので
す。

卵は日にあたゝめられてかへります。さうし
て一日中食べてはかり居るのであのみにくる青
虫になります。

青虫は自分のすることをはずかしく思ふの
でしようがやがて何も食べなくなりますする
といふの間にかゝたちがかわつてさなぎ

青

になります。

さなぎは何も食べません。少しも動きません。寒い冬をそのまゝの姿で越すのです。やがて春風が吹いて花が咲く頃になると、いきにもさ

さなぎ

花のなぎは美しい蝶にかわりますから、方くとんで行きます。

三

（十一世の虫）

蠶（糸）
養（よう）
益（えき）
害

人は～蝶のような美しい蝶のような

蠶という虫を昆虫と言います。昆虫の種類は幾十萬とあって数えきれません。

蜜を作るみつばちや蜜蜂などは、此の益虫です。蠅をとらへて蜜を作るかたらをかえます。病氣をうつす蚊やのみなどは害虫です。

昆虫の習性や形態の研究は大切なことで、昔から其の研究に一生をさゝげた學者もたくさんあります。

第十一　面事務所

舊邑里に面内で一番古いと言われる一本の欅があります。面事務所はすぐ其のそばにあります。建物はずいぶん古いのですが、ガラス戸をので事務室などは明るうございます。

事務室の正面には、面長さんの机があります。右がわと左がわには書記の方々の机がならべてありますが、そのわきに置いてある棚や書類箱の戸籍・衛生・土木・警備などと書いたはり

紙が目につきます。

文吉君の父さんは税金をあつかって居るそうな、貞植君の兄さんは衛生の事務をとり、文吉君です。

事務室のとなりに會議室と書いてあります。面協議會を開くのは此の部屋だということです。去年新しく建增した部屋だということもあります。

事務所のまわりに櫻が五六十本あります。

158 간이학교 국어독본

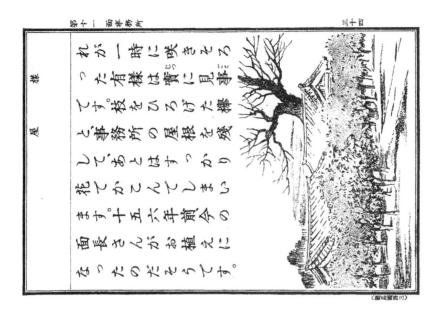

屋　様

れが一時に咲きそろ
つたです。枝を
が有様は實に見事
です。事務所の屋根を殘り
と事務所とは屋根をかくしま
しで。この樺は十五六年前今の
花でます。面長さんがお植えに
なつたのださうです。

（農事試驗所）

事　御漬色引

第十二　グレゴール、メンデル

白色レグホーンの種卵からかへつたひなが
やがてこのよな種のよな毛色になつたのを
見たる事はありませんが。此のような事をよく
わかるように教えてくれた人がグレゴール、
メンデルであります。
メンデルは今から百十餘年前にオーストリ
ヤの片田舍に農夫の子として生まれました。
メンデルは毎日畠に出て父の手傳をして居

ました。そうして種子が芽を出し生長するの
を注意深く見て居る中に、人があたりまえだ
と思うことも、よく考えに思うようになりました。
だ。
　「豆の種子からは、どうして豆が生えるのだ
　ろうか。」
としきりに考えたのました。

メンデルは後に僧となりましたが、動物や植
物の研究については、まだまだ心を打込んで

行きました。
メンデルは白えんどうの花のめしべに紫え
んどうの花の花粉をつけて實をとりました。
其の種子を蒔いて、どんな色の花が咲くかと
待って居りました。すると、どうしてしよう、み
を紫色の花をつけたではありませんが、メン
デルは更に其の種子を蒔いて、二代目にも紫
の花はかり咲くだろうかと見て居りました。
するどういきにも、今度は紫三本に白一本の

160 간이학교 국어독본

薔薇

割合で咲きました。

メンデルは寺の庭に幾度も（ゑんどう）をうゑて

で根氣よく調べましたが何度やっても同じでした。さうして

（三十八圖参照）

メンデルは、二代目の雜種にはどんなものがあらわれるかを言ひあてられるやうになりました。

メンデルは此の事がわかつてから八年間も世間に發表しないでくわしく調べつゞけました。

メンデルは六十三歳で死にましたが其の研究が世間にみとめられたのは死後十六年もたつてからの事でした。

第十三　はみの柄

柄

損

僕のはみの柄はどうしてかすぐぬける。ぬけし
ると思ふと仕事に力がはいらない。馬具が損
ったりするかわからない。僕はどうしたらはみの
柄がぬけないようになるかと、長い間考へて
居た。

或時は柄を求てぬらしてすけてみだ。それは
いくらか良かったがすぐぬけるようになっ

（前接圖参三）

（前接圖参三）

夫

種調

だが團れより僕は不安でならない。
或時僕はナイフを見て居た。ナイフの柄と身を
目くぎで打込んであるのをいた。ふと僕ははみに
目くぎを打って見る気になった。それで柄に前の方
は柄の身を打込めるようにはみにも目くぎ
を打込んであるのを見て居た。ふと僕ははみに
目くぎを打って見る気になった。それで柄に前の方

だが團れより僕は不安でならない。

或時僕は目くぎで打ってみる気になった。すぐに
はみを調べてみると身が九種柄に
すぐにはみを調べてみる事がわかった。それで

162 간이학교 국어독본

四　糀の穴をあけて、あみの身のほ
こ、柄には自分で穴をあ
けて、行つて其の場でうちつけた。ほ
みがうまく出来たら、僕はすぐ
に穴をあけぎをうちつけようと
思つて、三種の所にきしわた
し、前の畑に出て土等を
かる事にした。

糀・場・等

（朝鮮総督府）

（朝鮮総督府）

かまいで力へんてしんてうちつけぎと鎌のやうに打ちつへともしな
い。僕にちやうどよく柄をええぬけ
したが、おもては大きすぎ重すぎて、
土等でもえく、人に貝けると思うと、僕
はうれしくてたまらない。ほみは大きりも
みだし、除草にもきりつてもよく、土等を
引いてはみの柄のにれば、これか
せらい。これからは思うぞんぶん働け
ると思うと、僕はうれしくてたまらない。

第十四　衛生ト薬草

草・判

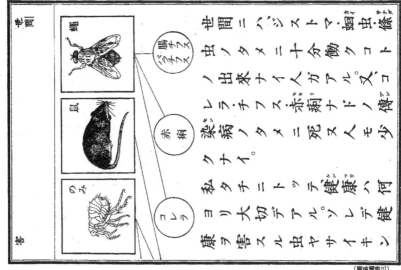

蠅

鼠

のみ

ヂフテリヤ
チブス

赤痢

コレラ

害

世間ニハ、ジフス、マラリヤ、赤痢ナドニ死ヌ人モ少
カラズ。又人ニ十分働クコトノ出来ナイ人ガアルモ、蛔虫・條虫・マ
ラリヤノタメニ死ヌ人モアル。デ健康ハ何
ヨリ大切デアル。ソレデ健
康ヲ害スル虫ヲ退ヂテ健康ヲ
私タチニ大切デアル虫ヤ

（第三圖ヲ見ヨ）

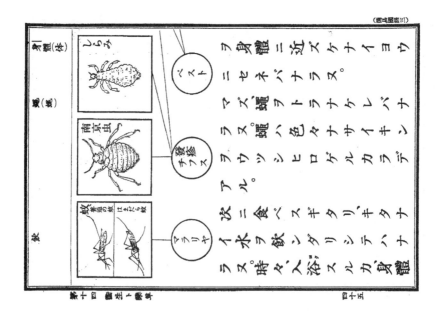

身體(体)
しらみ

虱(蝨)
南京虫

蚊

ヘ
ト

チブ
ス

マ
ラ
リ
ヤ

虱ハ身體ニ近ヨラヌヤウニセネバナラヌ。ソレニハ
セメテ身體ヲ時々洗ヒ、マ蝿ヲトラナケレバナラヌ。
蝿ハ色々ナ病毒ヲ運ブ。ソレデ蝿ヲトリ、
南京虫ハ次ニ食ベスギタリシテハナラヌ。
水ヲ飲ンダリ、身體ヲ次ニ食ベスギタリシテハナラヌ。

常ニ手ヤ口ノマワリヲ洗ツテキレイニシテ置クコトヤ、風通シノヨイ部屋ニ住ムコト、清潔ナ着物ヲ着ルコトハ、衞生上ニ益ガアルバカリデ無ク、病氣ニカゝツタナラバ、恐クナラヌ。

藥ヲ中ニ用イルコトモ、藥ガ手ニ入リニクイトキニハ、藥草ヲ農家デ

（附圖ハ第三）

（附圖ハ第三）

除虫菊

準備シテ置クナラバ、藥草ノミナラズ、草ノエ

草ノミゝ、ドルモノモアル。

蚊ノシヨウニモアル。

ヲ除クニハ除虫菊ヲ胃腸ノ病氣ヲ除ク、必要ガアル。藥

ヲ除クニハ除虫菊ヲ藥草ハ無クヲ害ガアリ。

裁培スルコトモ出來ル。農家ニテモ收益ヲ増スコトモ出來ル。

第十五　共同販賣

安い値と蠶の値だると、ほ蠶の値がなく、今年は蠶がよく、蠶が終るとみんなをはっ選るともなく、みんなが立ちました。すが誰もいうわさが、がしまた擡しました。

「安からうが高からうが、蘭だ、を賣りに行こう。」

おとうさんは大元氣でした。先生は部落中の蘭をおまとめになりました。

先生とおとうさんと青年が二人、それに生徒

四人が蠶を四頭の牛につんで出かけました。蠶はよごれをいよう紙や麻布のふくろに入れてあります。

郡廳のある町までは峠が三つ、峠と峠の間は長いだんだら道で、片道三十二耕はありますが、牛はみんをよごとで、途中の田はみんをで三四枚植正修植がみごとに田植向いすんでいます。牛は割合に鈴をちりんちりんとならしながらいきおよく上りました。

様がよく並んでいます。

らの町に着いたのはお晝近くでした。繭は郡農會の乾繭場に運んで共同販賣係の手に渡しました。上等と一等ばかりなので、られして、たまりませんでした。午後三時頃になると先生が

「さあ早く歸らう。」

とおっしやつておせき立てになりました。來る

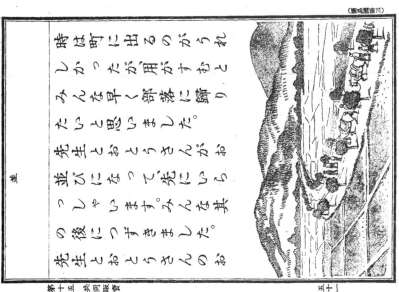

時は町に出るのがられしかつたが用がすむとみんな早く部落に歸りたいと思いました。

先生とおとうさんがお並びになつて、先にいらつしやいますが、みんな其の後につすきました。

先生とおとうさんのお

話がすぐ後の私によくきゝとれます。

「先生安いと思つたがそうでもありませんでしたね。」

「毎年安いと思つて居さえすればよいのです。」

「前には私らのような田舎者は贜買人に値切られるもので損をしたものですが共同販賣が始つてからは安心です。」

「ほんとうにそうですね。」

先生はこうおつしやつてから、

「お金を落さないようになさいよ。」

と、お言いになつて、おとうさんの肩をかるく

おたゝきになりました。

「大方は金融組合にあずけて來ました村で

お金が入るものですが。」

おとうさんは大聲でお笑いになりました。

青年や生徒たちもみんを思い／＼に話し合つたり笑つたりしながら歩いて居ます。

いつの間にか私たちは三つ目の峠にさしか
かつて居ました。

第十六　夏の漬物

學校で小蕪と二十日大根を收穫しました。
小蕪は子供のこぶし位二十日大根は赤んぼ
うの腕位はありました。

「此の部落の人は夏の漬物をあまり知らな
いようだから、これで漬物を漬けて御らんな
しよう。」

先生はそうおつしやいました。ほんとうに此
の部落では夏に蕪や大根を作る人が居りま
せん。

かめが二つ運ばれました。塩や唐辛粉やえび
の塩漬が準備されました。女の生徒は大根と
小蕪を小さく切つてべつべつのかめに漬込みま
した。

二日ばかり後に先生は部落の人を二十人ほ
か學校におまねきになりました。先生は蕪

と二十日大根の作り方や漬方を簡單にお話
しになってから、

「まあ、どうでおあがり下さい」

と、おすゝめになりました。

「これはめずらしい」

區長さんがお言ひになりました。

「大そうやはらかですね」

と言ふ聲もきこえます。

みんなおいしい〱とおっしゃいながらお

筆

あがりになりました。さうして種子を共同購
入する相談がまとまりました。

共同

　　　第十七　にじ

夕立がやんで雲のきれめから日が照出しま
した。

山も森も草も生きかえったように見えます。

木の葉からしづく〱がほたり〱と落ちてい
ます。

東の空に大きなにじがあらはれました。

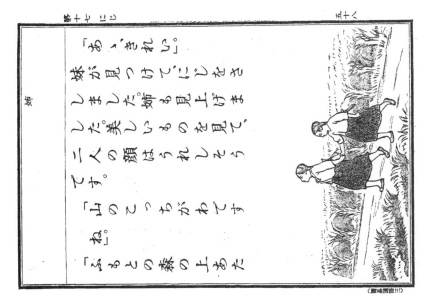

「あ、きれい。」
妹が見つけて、さして姉を見上げました。美しいものを見て、二人の顔はうれしそうです。
「山のこっちがわですね。」
「ふもとの森の上あた

姉

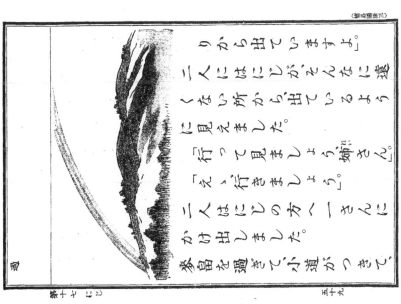

りから出ています。」
二人にはにじがそんなに遠くない所から出ているように見えました。
「行って見ましょう、姉さん。」
「えゝ、行きましょう。」
二人はにじの方へ一さんにかけ出しました。
桑畠を過ぎて小道がつきて

遠

森の近くに一人はとまりまし
たですらぶんと走
のたのでらきがきれをうてした。
今度はにしが山の向うがわから出てくるよ
うに見えるのでした。
「まだあんなに遠いのですね」
と妹がいきをはずませながら言いました。
「もっとも近くはなりませんね」
と姉もいきをはずませながら言いました。
にしは次第にうすれていきました。

第十八　手紙
一　桃を贈る文

愛敬父さん大分暑くなりました。皆さんお
変りはありませんが。これはうちの裏庭に
おとうさんが内地から苗木を取寄せて
栽培したもので今年はじめて實がなりま
した。熟するままでにはおとうさんが
ら母が精をこめたものでございます。

今朝はしめてとりいれ
ましただ。おとうさ
んの申上げますどう
ぞ皆さんでおあがりの下さ
い。

右返事

見事な水蜜桃をたくさんお送り下さい
ましてまことにありがとうございまし
た。厚くお禮申上げます。
果樹栽培に御經驗の深い伯父さんの御

（令朝　冽　透割　事）

丹精だけあつて、粒も見事だし味もか
がすぐれてゐて、此のあたりの商店でう
れてゐる見られない品だと、私達もま
してゐました。おかあさんにもよろし
くいらつしや伯父さんや伯母さんによろしく
もいらつしやることでございます。

第十九　この道

麥を刈られて、

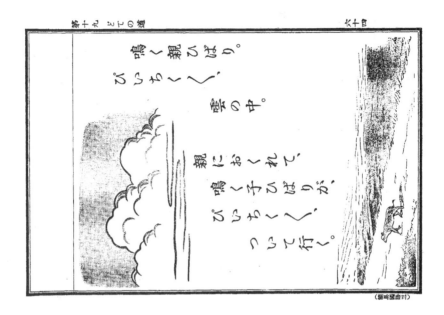

鳴く子うしが、
親に
はぐれて
ひとりぼつち、

雲の中。

親にはぐれて
鳴く子うしが、
ひとりぼつち
のつて行く。

（三重縣鳴海）

「あうじ」と聲、
親牛をうだ。
のうたつ
との。

親にはぐれて
あわてた子牛。
とことと
かけて來る。

第三十　木綿公

今から六百年ほど前、慶尚南道の丹城に文益漸といふ人が居りました。三十歳の頃都に上つて役人となりました。

文益漸は使者となつて元に行つたことがありますが其の時元帝のいかりにふれて雲南に流されました。

益漸は雲南で畑一面に棉が作つてあるのを見て、

「これは良いものだ。朝鮮にも此のやうなものがあつたら、人々がどんなに仕合はせになるか知れない。」

と思ひました。さうして其の種子を少しばかりとりました。

益漸はゆるされて朝鮮に歸つた後持つて来た棉の種子を花壇に蒔きました。

さて何といつても始めて育てる棉なので、作

物を朝鮮で栽培する
のですが、せつかく
出た芽も、次から次へと
枯らし、一本になつて
しまつた。
「これを枯らしては
ならない。」
益漸は日夜心をくだ

(鄭益漸圖　川崎小虎畫)

いて、此の苗が
花が咲いて種子をとることが出来ました。
其の翌年も棉を栽培しました
が、三年目にはたくさんの收穫をあげ
ました。

此の生を殘つた一本の苗がもとで、後には朝

育ててゐるうちに、たつた一本の苗だけは
ねがひがかなつて育ちまして、大きくなりました。
益漸は工夫と苦心を重ねてよく育つよう
にと、段々とよく育つて、たくさんの賣が出来ました。

錦

鮮全道に棉が栽培されるやうになりました。

益漸は又綿打機や糸車を發明して綿を打つ
たり、糸を紡いだりすることを人々に教えました。居

ます。

人々は益漸を木綿公といつてゝやまつて
ます。

第三十一　土

あらゆるものは土によつて生きてゐます。土
はどうして出来たものでしやうか。

温球　岩石　風化　粘土

地球は初め非常に温度の高い火の球
一であつたといひます。それが長い年月の間に、
表面が冷えて固つて岩石となつたといはれて
ゐます。

土は其の岩石が風化して出来たものであり
ます。固い岩石も長い間風雨寒暑にさらされ
てゐるともろくなつたり、がけたりして、さ
うして土になるのです。

田畑の土は風化したばかりの砂や粘土に

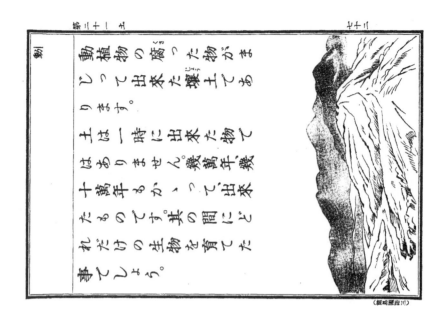

動物植物の腐った物がまじって出來た壤土であります。

土は一時に出來た物ではありません。幾萬年幾十萬年もかゝって出來たものです。其の間にどれだけの生物を育てた事でしよう。

動

（撈鳴屬府川）

第三十二　太陽

太陽は地球の百三十萬倍もある、ゑん〳〵と燃えてゐる大きな火の球とほのおをあげてあります。

太陽は地球からは非常に遠い所にあつて、一時間に二百粁の速さで飛ぶ飛行機でも、七年かゝらなければ行き着けない程です。

地球は自分もまはりながら、太陽の周圍をまはつてゐます。晝夜・四季の變化はそこから起きま

理科讀本

ります。

熱

大陽の強い〳〵光と熱で地球上の生物はみんな生きてゐるのです。

第二十三　自然の循環　春

自然

池

春の大陽が輝き出すと水は解け池川海の水はぬるんで水になつて浮び雨になつて再び池川海に歸つて靜かにゐて行り雲になつて来ますのぼり雲になつて水は水蒸氣になつて空にお

（前此圖參照）

（前此圖參照）

雨

〳〵のです。地上に土地に湧くことがあります。

土地は水をふくんでやわらかになり、大陽の光や熱をうけてふくれ、ちぢくると地中の養分も水の中にとけ込みます。

養

畠を耕して種子をおろす頃となりました。

耕

暖

空には暖かい太陽、地中には乳のやうな水分を、根
は静かに水分を吸ひ、枝の芽は太陽をうけてふくらみ、種子は温かくし
て芽を出します。

「春が来た春が来た。」
と生きて居るものは、みんな思ふでしょう。

靜

夏

太陽の光と熱が強くなってきました。地上の
水はどんどん水蒸氣になって空にのぼり、大

（挿繪圖三二）

（挿繪圖三三）

粒の雨が降るようになります。雨が降過ぎて
洪水となり、日が照り續いて旱魃になったのし
ます。

植物は思ふさまに葉を
ひろげて太陽の光と熱を一ぱいに
うけ、根は地中の水分を吸って、次第にふとっていきます。
どんどん花を咲かせ實を結ぼうとします。

蒸

農夫は作物の生長を助けるのに忙しくなり
ます。

秋

地中の養分は大方植物のからだに移りまし
た。太陽の光と熱は次第に弱くなっていきま
す。空は晴れて風は涼しくなります。
植物はり、やがて葉は落ち、莖はたおれて土を肥やす
でしょう。

（挿畫省略）

農夫は田畑の作物を收穫して家に運びます。
田畑には作物を十分に
生長させる力がもう
無くなっています。
これを肥やし
肥やしてやり
田畑にする
のは、また誰のつとめでしょうか。

冬

太陽の光も熱もすっかり弱くなって、寒い風

厚

が吹くようになり、池・川には厚い氷が張りつめて土地もこほつてしまひます。植物は生長をやめ、寒さをしのぎながら春を待ちます。

春になると、太陽の光と熱とは再び大地を温め、水は動いて植物は生長をはじめます。こうして自然は循環してかはる事がありま

（品川國民學校）

（品川國民學校）

せん。

第二十四　私の工場

工　源泉

私の家の裏に泉があつて、涌いた水が流れて水溜をつくり、溜いた水が流れて水溜を作り、まず。私は其の流をせきとめて鮒やどじよを飼いました。

庭　想起

水溜の水はせきを越えて流れ出てゐました。水は其の水路を私は此の水を庭にひいてみようと考え、気持た。古いとたんを切つけて水路にしました。

よく流れ、小さな瀧になつて水車を廻して庭に落ちます。

或時私は此の瀧で水車を廻してみようと思ひました。

水車は初め簡單なものを作るので、大根の輪切にポプラの枝をさし込んで居るのに、にいさんが

「そんなものではだめだよ。」

とおつしやつて木で作つて下さいました。瀧にあてて見るとぐるぐるとよく勢よく廻る

簡單

教

ではありませんか。

「あ、廻る〱。」

私は思はず叫びました。にいさんは水車をとめて、何を見て居ると、別に親指くらいの大きさの棒に耳を

廻

列

耳

をつけて、それが杵に
なるやうに仕掛けました。
水車が一回廻る間に、杵の耳と杵の耳が二
度ふれます。其の度に杵を上に持ち上げては
おろします。
「すっかり出來上つた精米でも製粉でもです
るよ。」
ど「じ」にいさんが笑ひながらおつしやいました。
私は此の水車のある所を「私の工場」と言つて
います。

劇

（川﨑﨑國晴作）

（川﨑﨑國晴作）

第二十五　水鏡

鏡　澗

山のふもとに美しい水溜りがありました。或
日のこと、山から下りて來た一匹の兎がふと
其の水溜りをのぞいて見ると、不思議にも自
分と同じやうな兎が居ます。
兎はおどろいて引返す途中で、一匹の狐に
あいました。
「やあ君、あそこの水溜りに僕のやうな兎が
居たよ。」

匠

逡巡

念

達

「それで來るから。」

孤は急いで夫れを見て、僕が行つて見て來るから待つて居たら、その水溜りをのぞいて見ると、まゝことに居るのは兎で、孤はおこつて歸つて來て、

「おい兎君、何を言つて居るんだ、兎じやなつて孤だよ」

「いゝえ、そんなことはない兎が居た。」

「いゝえ、違ふ孤が居た。」

（國語讀本三）

（國語讀本三）

其匹所

「いゝえ、兎が。」

と、二匹が言ひあらそつて居ました。其所へ一匹の鹿が來て、わけをきゝました。

「それでは僕が見て來るから、待つて居たまえ。」

鹿ははかゝかけて行つて、水溜りをのぞいて見ると、まゝことにそれいな鹿が居ます。鹿は急いで歸つて來て、

「あゝこに兎も孤も居やしない、きれいな鹿

　　が居た。
「なに、それは違ふ兎が居た。」
「さうぢやない狐だ。」
「いゝえ鹿だ。」
今度は三匹で兎だ狐だ鹿だと言つてなかなか
かゆずりません。
其所へ一人の少年が来て
「これゝ君達は何てそんなにあらそつて
居るのだ。」

達

三匹はそれぐゝうつたへました。わけを聞いた少年は。
「それでは一しよに行つて見よう。さあ来た
まへ。」
みんなでそろつて行きました水溜りをのぞいて見ると其所には兎も狐も鹿も居ました。
また少年も居ました。少年は
「見たまへみんな居るではないかこれは水鏡といふものだ。」

と　おし　えて　やり　まし　た。

第三十六　朝鮮

朝鮮ハ半島ニテ長サ同ジグライ、一番高イ山ハ白頭山デ、景色ノヨイ金剛山ト、朝鮮ノ地圖デアルゴラン。サイ。

朝鮮ハ支那ノ大陸ノ南東ニ向イテ立ッテ居ルナガキ大キナ兎ニ似タリ。本州ヨリ少イ。山ガ多クテ、西ハ福ガ多ク、面積ハ合ヒダ一體ニ白頭山デ、山ハ同ジ。

（朝鮮地圖ハ三省堂）

世ニ知ル。

白頭山カラ出ル大キナ川デアル。

鴨綠江ハ朝鮮ト滿洲トノ川デアル。

綠江、流レ、白頭山ヨリ出ト豆滿江ハ、朝鮮ノヨリ。

外ニ大同江、漢江、錦江、洛東江ナドガアル。

外ニ滿洲國ノサカイヲシテイル大キナ川デアル。

產物デ主ナモノハ、米、大豆、人蔘、木材、イワシ、サケ、ニシン、タラ、タバコ、ナシ、リンゴ、ナシ、近年名高クナレル果物ガアル。

名所　京城ハ朝鮮第一ノ都會デ、總督府ヲハジメ、會社、銀行、學校ヤ、銀行會社ナドガタクサンアル。

都會門　鐵道ハ京城カラ四方ニ通ジテアル。平壤、新義州、大邱ト釜山ハ朝鮮ノ北、鴨綠江ノ南ノ鐵橋ヲハジメ、仁川ハ元山、新義州カラ沿線ニハ、南ノ門戸デアル。

（朝鮮總督府）

（朝鮮總督府）

渡ルト滿洲國ニハイリ、釜山カラ連絡船ニ乘ジテ下關ニ着ク。

第三十七　我ガ國

我ガ國ハ、日本列島・朝鮮半島・關東州・南洋諸島ナドデ、其ノ區イドハ、北ハ北海道樺太千島列島、南ニ、四國、九州、本州、琉球、臺灣、南西ニ五千キロ餘リアルヨ、其ノ長サガ、北ハ北カラ、中央ガ本州デ、居テ、デアル。

日本列島ハ、北ハ北海道・樺太・千島列島、南ノ琉球列島マデアル。其ノ中デ、本州・九州・四國・北海道ノ四ツガ大キイ國デ、日本列島デアル。

列島、臺灣ガアル。

日本列島ハアジヤ大陸ト向イ合ッテ居テ、中ニオホーツク海・日本海・東支那海ガアリ、北アメリカノ大陸トハ太平洋ヲヘダテテ居ル。

面積

我ガ國ノ面積ハオヨソ六十七萬平方粁デ、氣候ハ所ニヨッテチガウガ、大體ハ温和デアル。

産物ノ主ナルモノハ米・麥・茶・生絲・織物・陶器・漆器

材

ナドデ、ノ外ニ林産物ヤ海産物モ少クナイ。

陸ニハ鐵道ヤ道路ガヨク發達シテ汽車ヤ自

動車ゲテ汽船ヤ往来ガサカンデ、海ニハ航路ガヨクヒラケテ近頃ハ航空

路モヒラケテ一ソウ交通ガ便利ニナツタ。瀬戸内海ガ廣ク世ニ知ラレテ

富士山・金剛山・瀬戸内海ノ景色ノスグレタ所ガ多イ中デモ

居ル。

皇統

九千萬ノ國民ハ上ニ萬世一系ノ天皇ヲイタ

界ハ國ニ何所ニモナイ。

界ハ何所ニモナイ。

ダイテ、仕事ニハゲンノアルガコノヨウナヨイ國ハ世

ケテ居ルヨウナヨイ國ハ世

音

第三十八　海

海は廣い陸地の二倍半もある。海は深い世界

で一番高い山でもかくれてしまふ所も然ち

にする川といふ川は大てい海に流れ込むが、

あふれる海の水はふえたりへったりする。

海は波を立て流れもする。又一日に二回満ち

海の水は深い。然し、海の底は、動いても、流れても、する。

我が國は、割合に廣い海を持って居る。日本海は、我が國の池のやうなものだ。

我が國の岸近くには、暖流も寒流も流れて來る。暖流は南から流れて來る。

（對馬海流圖）

寒流は北から流れて來る。

我が國の人は、海を田畑のやうに考えて居る。海を田畑のやうに、塩を作り、魚を取りなどして居る。遠海で漁業をする者もある。沖で網をひいて漁業をする者もある。海岸近くでは、海の底にもぐって、淺い海では海水がわかめ、あわびなどを取る者もある。

して居るのである。

我が國は海の國だといはれて居る。ほんとうに

さうだと思ふ。

第二十九　富士の山

あたまを雲の上に出し、

四方の山を見おろして、

かみなりさまを下に聞く、

富士は日本一の山。

青空高くそびえ立ち、

からだに霞の着物着て、

かすみのすそを遠くひく、

富士は

日本一の山。

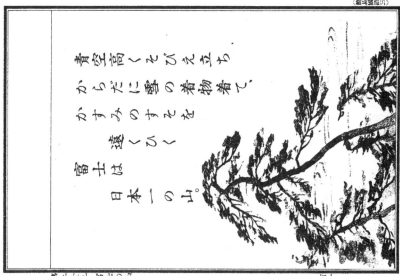

192 간이학교 국어독본

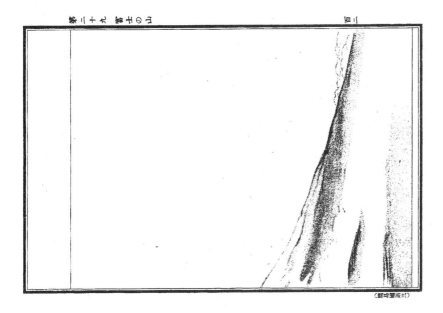

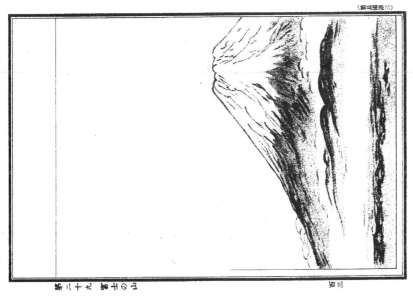

第三十　種子の力

種子の不思議な力におどろかない者はある
まい。

種子の中には長生をするものがある。何百年
も前のはずの種子が芽を出したといふ話もあ
る。又芽を出す時の力ははげしいものであ
る。毎度々々見るのであるが、自分の何倍もあ
る小石を持ちよげてゐる芽があるだらう。きつと生えよう
あんな力が出るのであらう。

として一生懸命なのだ。

種子の中にもおどろくべきものゝ、ほゝの種
子はわりあひに、白い毛を傘として、風のまにまに松・柳など
飛んで行く。此の仲間に
もつとも、このやうなのは草や木などの連中で
ある。まだ種子が幼い中は、其の實の味も出さな
い。實の色も葉と同じにして、中々見つかりにくい。食べ
られる種子が育つと、

〜れと言はな〜はかのに餅や、か鳥獸に食べ〜味もおいしくてもらつて種子を捨てさせる。

少しするかと思はれるのは、せんだんくきの種子である。知らない間に、ここりの人の著物などについて、何所までもついて行く。

一體、種子は大てい旅行好きである。ゐるか〜柳などの種子になると、水の流のまに〜何百里でも旅行するといふ。空の旅、水の旅、動物

（右欄）餅　好旅行　刺

を乗物にして、また旅行したがる。旅行を出て来るものは、し も飛ばすといふもの 種子をはじき 旅行などは自分の力で 出て の方をする。

第三十一　歩測

「あなたは十米を何歩で歩きますか」

「十六歩で歩きます」

「百米は百六十歩で歩くことになりますね」

「さうです。複歩で八十歩位です」

「一粁を歩くに何分かかりますか」

（右欄）歩測　複歩　例

「十三分位はかゝります」

「さうすると、一粁を行くのに複歩で八百時間
で十三分位かゝるわけですね。」

「なかゝそう正確にはいきませんがまあそ
んなものです。」

「では此所から向うの橋まで何米あるか歩測
してみませう。」

（第三十一図略）

「行きには複歩で四百十ありましたが歸りは

四百三十ありました。約五百米あってもゝ七八分
で行けるようです。」

「私もそんなものでした。

　　　第三十二　二宮金次郎

　　　　　一

金次郎の家では田畑はみんな人手に渡して
しまったのである母は三人の子をどうして育てゝよう
かと心配して居ました。

金次郎は母の心配をかるくしたいと思わない時はありませんでした。自分の力で二人の弟を養いたいと思わない日はありませんでした。

それで朝は鷄の鳴く頃に起きて、遠い山に薪をとりに出かけ、夜はわらじを作ったり、繩をなうして、骨身を惜しまず働きました。こうして一家四人が暮して居ましたが、又も不幸な事がおこりました。母が重い病氣にか

（挿繪略了略三）

（挿繪略了略三）

かったのです。金次郎は夜も寢ないで看病しましたが、少しもよくなりませんでした。とうとう日ばかりの後、母は三人の子の行末をあんじながら、なくなってしまいました。

十六歳の金次郎を芽頭に、二人の幼い弟はみなし子となって、あはれにも二人に残されました。それで

金次郎は伯父の家に引取られ、弟二人はそれぞれ知合の家で養われる事になりました。それ

剛見孝

精

忘

勸

て金次郎兄弟は別
れ〲になりました。
伯父の家に移って
から金次郎は仕事に
精を出しました。
金次郎はどんなに仕
事が忙しくても、勉強
する事を忘れません

讀

代空

でした。畫は勉強の
ひまがありませんでした。夜は家の
夜をけ人が皆寝しづまって
から、しづかに本に讀みふ
けりました。
　或時伯父が
「油がたくさんに入ってしまうがなあ。」
と言ひました。
金次郎はほんとうにさうだと思って、自分で
空地に油菜を蒔き、收穫して油に代えて勉強

しました。

三

川は毎年大水が出ました。其の度に川
ぶしんが行はれます。
金次郎も川ぶしんに出て働きました。それ
でも賃銀は一文も使はずにみんなを貯し
て老人や貧しい人に分けてやり、又
酒を飲んでしまふのをこらへて置いた。

或年の洪水に流水のすじが變り、用水堀の水

(三島圖書)

千

が出なくなりました。土地がひくいので、其所の土を除いた。そ
の後を平して、そこへ捨てた苗を拾って
来て植付けました。秋にはその田から
一俵餘の收穫をあげました。

不用の土地を起して、
金次郎は土を起して、其の田から

した。金次郎は

「小を積んで大とするのは自然の理である。

自分は此の道で家を興さう。」

と考えました。

翌年は其の一俵をもとにして多くの収穫をあげました。

金次郎は伯父の家で数年を送りました。其の間身を修めよう家を興さうと勤儉をしつ

けました。努力のかいがあって自分の田畑も作りたので、少し貯へも出来ましたので父のゆるしを受けました。

金次郎は自分の生まれた家に歸りました。家は

荒

金次郎は、
てゐます。荒れはてて、見るかげもなく、なくなった父母のことや、幼かった昔のことを思ひうかべたことでせう。

金次郎は自分で屋根をふき直し、戸をつくろって、人の住めるやうになって、それから三人の弟をよびもどしいたしました。

「小を積んで大とする。」

其の理を忘れない金次郎は、兄弟三人力を合はせて勤儉の道をはげみました。

（第三国語讀本）

（第三国語讀本）

田畑は年毎にふえて行きました。

終

昭和十一年三月十二日翻刻印刷
昭和十一年三月十五日翻刻發行

簡易國語三 下
定價金十五錢

著作權所有　著作兼發行者　朝鮮總督府
京城府大島町三十八番地
印刷發行者　朝鮮書籍印刷株式會社
代表者　井上主計
京城府大島町三十八番地
發行所　朝鮮書籍印刷株式會社

簡易學校國語讀本　卷四

朝鮮總督府

目次

（目次四）

（目次四）

第一　明治天皇

明治天皇は天皇陛下の御祖父にあたらせられまい、御在位
四十六年の御間に、我が國を世界の日本となさいました。

御位にあらせられた頃は、まだ幕府が政治を
とっていましたが、我が國をお治めあそばしたので、
神の御勅によって、政を天皇にお返し申さ
れ、國民は幕府に御一方ばかりとなり、一時國内がさわがしく
御位を行って、國民は……

第一　明治天皇

天皇御みづから、明治維新に立返って、國體の大本に立ち、間もなく、政をあげ、が、新たの大業は成りました。

新しき天皇は、まづ政の大方針として、左の五箇條の御誓をなさりました。

一、廣く會議を興し、萬機公論に決すべし。

一、上下心を一にして、盛に經綸を行ふべし。

一、官武一途庶民に至る迄、各其志を遂げ、人心をして倦まざらしめんことを要す。

一、舊來の陋習を破り、天地の公道に基くべし。

(飯島屋藏版)

(飯島屋藏版)

一、智識を世界に求め、大に皇基を振起すべし。

とあり、今や學制をしき、徴兵をおき、各國と條約を次々にお改めになりました。なほ、藩を廢し縣をおき、新しく都を東京におき、政をおさめなさりました。

明治天皇の憲法を發布せられるさま

天皇は國民が一
ら幸福になるやうにと
められて、明治三十
二年二月十一日に
大日本帝國憲法を
御發布になり、翌三
十三年には、帝國議
會をお開きあら
だんと發展するやうにと願はれ、國家と

（明治神宮）

教育に
關する勅語をたま
ひ、國民をおさと
しになりました。

下さいました。
この頃、朝鮮は大
つらから、朝鮮
の亂れて、人民は苦しんで
おりました。朝鮮と
我が國とは、昔から深い關係にあつ
たので、お互の安全と東洋の平和の爲に、これを助け
つけたのでした。
支那は、朝鮮を自分の國だといつたのを
さまたげました。
また朝鮮に亂がおこつたのを
明治二十七年のこと

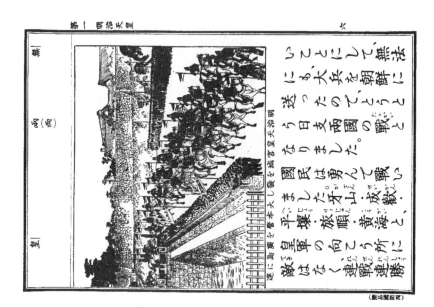

無法にも大兵を送ったので、ついに朝鮮において、日支兩國の戰ひとなりました。國民は勇んで戰ひ、皇軍は牙山・成歡・黄海・旅順と、向ふところ連戰連勝に、敵を

（明治天皇　海陸の皇軍を御覧あらせらるゝ圖）

〔次頁へつづく〕

朝鮮はこの戰爭によって、支那のこれまでの勢力からはなれることとなりました。やがて、日本の力が出來ました。

明治三十三四年の頃から、ロシヤは大兵を旅順などに送ってきました。その上、朝鮮を自分のものにしようと、色々手を入れはじめました。ロシヤは滿洲をも自分のものにしようと、旅順などに堅固な要塞をきづき、東洋の平和をみだすおそれが出來ました。

我が國は東洋の平和につとめ、

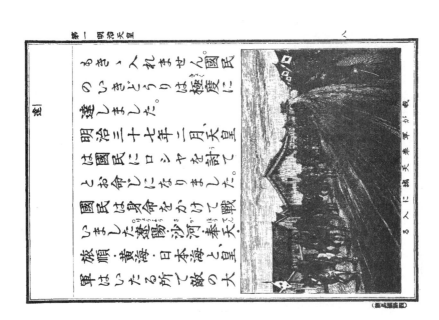

我が軍艦天城に入る

(海軍圖畫)

國民は極度に
もてはやし入れ
ましせん。國民
のいきどほりに
達しました。

明治三十七年二月、天皇
は國民に口シヤを討て
とお命じになりました。
國民は身命をかけて戰
ひました。遼陽・沙河・奉天の大
旅順・黄海・日本海と、皇
軍はいたる所で敵の大

達

(海軍圖畫)

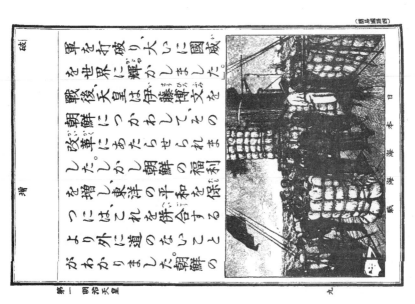

日本海軍

軍を打破り、大いに國威
を世界に輝かせました。
戰後、天皇は伊藤博文を
朝鮮にあたらせられま
改革をしました。しかし朝鮮の
東洋の平和を保つこと
これを併合すること
がわかりました。朝鮮の
より外に道のないこと
國民の福利を保す

破

れを望み、世界の國々も認めました。これをきざ
して、天皇は、明治四十三年八月朝鮮を併合あそばさ
れました。その時から半島の民も、ひとしく帝國の
人々も臣民として皇室の御威德をあふぐやうに相なりま
した。また、明治四十四年には、教育に關する勅語を朝鮮に
も御下附あそばされました。

明治天皇は、御仁慈の御心が大そう深くあらせられ
ましたので、常に國民の幸福を御心におかけあそばされ
照るにつけ、御心におかけあそばされて思ふがな

(第三圖參照)

(第四圖參照)

明治天皇の皇后陛下が御手づから傷病兵をなぐさめていらっしゃる所

ごとく、おらせられた御制度から、天皇の御治が
御惠みにかがやく明治の御代を
國民は喜んでおりました。
明治四十五年七月、恐れ多くも天皇は重い御病氣に
おかかりになって、國民は心から御平癒を念じ
まつりましたが、御平癒になりませんでした。
國民は心から天皇の御恩を
仰いでいます。

祈　正　歳

明宮

をお祈りしました。宮城
の御正門前に、
て、天壽の御長久をお
祈り申し上りました。
人々の數は數
萬に上りましたが、御病氣
は同月三十日、御年六十一
と、一日一日と重らせられ、
いよいよ重らせられ、あ
くれました。

　　　　第二　尊い農夫

全

卑

現在

天皇の御治世中に、我が國は世界の強國となりま
した。これは全く天皇のみいつのたまものでござ
います。

「至って尊い農夫は、働かぬ紳士よりも尊い」
といふ諺がある。これは働く農夫の尊さを言ひ
あらはしたものである。

現在、朝鮮の農夫は、みんな立っているであらうか。現在、
朝鮮では、百人の中八十人までが農夫で、其の中五十
人は貧しいと言はれている。此の人たちの中に

は食物を借りて食べ、しかも返すあてもないこのような生
活をして居る者があらう。我が國には此のような
國民が一人でもあつてはならないのである。一た
び、貧しい農夫が自立の人となれることであらうか。

自立の人になる道は、希望をもつて働くにある。希
望をもつて働いて居ることに、良い方法が生ま
れて來る。

まづ借財の無い生活を希望してみよう。すると新し
い借財は作らないようになる支出をひかえ出す。

食
活
立
希望
刻
出

（村田君絵圖）

（村田君絵圖）

そうして収入を増さうと考えるであらうか、しかも
此の希望を達する道は、勤勞より外にないことを
さとるであらう。よく十年一昔といふが少々の借財
單に考えても、十年間の生活費に借財を加えたも
のの十分の一づつを、毎年働き出せばよいといふこ
とが、

まづ希望を持てこに道はひらけ、憂は消える。
天の惠は貧しい者にも富んだ者にも同じように
くだる。此の惠を自分のものにする道は、希望と勤

勞

消

212 간이학교 국어독본

勝であつたと云ふ。貪しくて、希望を
目がけて勤勞する今日は、貴い農夫
となる貴い一日である。

第三　様の親に

昔、獸の神様が大勢の獸に向かつて
言われました。
「お前達の子供の中で一番きれい
なものにごはうびを上げよう。」
そこで大勢の獸は子供を連れて廣
場に集りました。獅子は見事なもな

（裏面圖畫）

（裏面圖畫）

みをした子獅子を連れて得意さう
に神様の横に坐りました。虎はおき
とおしいと云つて來て金色の子をこれよ
がしたけの高い子を、象は體格のり
子を連れて來て、それぞれ神様
の目につきやすい所に坐りました。
さて大がい獸がそろつた頃、もう一
組の入場者がありました。みんな
どれも美しい子供です。

その方を見るなり、一度にどつとふき出してしまひました。虎はひげをぴくんぴくんと立てて、「ふつ、ふつ」と笑つてしまひました。獅子はをちらちらと「はつはつ」と笑ひながら前足で顔をこすりました。

それは親様がみすぼらしい子様を連れて来たからです。

猿は其の場の様子で今自分がどんなに思はれてゐるかがわかりましたとて神様を見上げながら、

「神様、あなたがどんなにこほらがをおとりになら
うとも少しも不服はありません。しかし私には、
あなたからさづかつた此の子が一番美しく見
えるのでございます。」

と言つて子様をしつかと抱きしめました。

第四　二宮尊徳

二宮尊徳は大そう貧しい家に生まれ、早く両親に
わかれて苦勞を重ねました。それでも興業治産の
ことに希望をもちながら、よく働いたので、つひに身に
を立て家を興し、進んでは人の為世の為に

ました。

尊德は三十六の時、人に
たのまれて櫻町といふ
村の復興にあたりまし
た。其の頃、此の村はあれ
て、村民は希望を失
つて、毎日をまけてくらして
ゐました。

尊德は雨が降らうが風
が吹かうが、一日も休ま

ず、に村内を見廻つて
農夫を教えはげまし
た。

秋が調ぎて冬が來ると、
農家には畑の仕事があ
らなくなりますが、さう
なると長い間のくせで働く
者は一人もありませ
ん。尊德はますます農夫
をはげまし、荒地をひら

て耕地をひろげさせました。

しかし誰もまじめに働きません。この良くない者
は仲間を集めて仕事のじやまをします。尊徳を助
けなければならぬ役人までほうり害するので、櫻町
の復興はいつのことやらわかりませんでした。

尊徳はどんな困難にあつても希望を捨てません。
いつも誠が足らないからであらうと自分を責め
ました。さうして農夫達には、

「德の大本は勤勞にある勤勞の無い所に德は無
い。」

と教えました。

誠は人を動かします尊徳の誠に動かされた人が
一人から二人二人から三人とふえてきました。
三年とたち、五年と過ぎる頃には、もうくらしの
立直つたしてよくみのる稻を見て自分達の
が荒れていたから田畑

216 간이학교 국어독본

穀

各

守

も荒れたのだと氣づく者も多くなりました。

十年たちました。櫻町の田畑には穀物がよくみの
り村民は働くことを樂しむやうになりました。櫻
町はすつかり復興したのであります。

二　二宮尊德は其の後も各地の復興にあたり、六百餘
の村々を更生させて、今でも多くの人々から神の
やうにうやまはれてゐます。

今日、一家の更生や部落の振興をはかるには尊德
の教を守る外に道がないと言はれてゐます。

　　　第五　土地をひらく

（原本二四八）

（原本二四九）

達

運

私達は毎日學校に出てゐるので、校地はすみから
すみまで知つてゐるやうであるが、さうでもあり
ません。

「空地をほうつておくのはもつたいない。何とか
　利用の法を考えよう。」

と先生がおつしやつた時に、どんな所があるのだ
らうかと、ほんやり運動場を思ひうかべたりしま
した。

私達は先生と一しよに校地を見て廻りました。

「此のどての斜面や向かうの道の兩がわには雜

간이학교 국어독본 권4 원문　217

を植えよう。

「此の三角の畑すみには何か藥草を植えようと
思うが。」

先生は、次から次へ空地利用の計畫をおっしゃい
ました。

私達は校舍の裏に出ました。突然金さんが

「先生、此所からあの松林の所まで畑にしたらど
うでしょう。」

と大聲で言いました。

（新田畫伯圖）

（新田畫伯圖）

「成程それは良い考だ。コーイルはある。」

先生は贊成されました。

その夕方、先生が此の開墾について村の青年に相談さ
れると、

「さっそく、今晩の中にしてしまいましょう、晝は
忙しいから。」

と言いました。

私達も大きい者だけ出ることになりました。

夜になると、みんな手に手に、鎌やシャベルを持っ
て集りました。そうして先生の指圖で働き出しま
した。

しだを拾う者、木を切り倒す者、雑木の根を掘る者、土を掘り起す者、石の根を掘る者、石を掘る者、うしろをみる者、みんな一生懸命に働いてゐます。

三時間ばかり一しんに働きました。

仕事がすむと青年達は夜が更けたからと言つ

（讀方圖畫）

て、さつさと歸つて行きました。

私が手洗の水を汲んで先生に上げると、

「ありがたう。學校の畑がふえたね」

とおつしやつて何かお考になつてゐられるやうでした。

見上げると月が空のまん中に出てゐますひろいひろい空です月の光が水のやうに流れてゐます。

「今夜は十三夜があと十分で十二時だ」

先生がひとり言のやうにおつしやいました。

第六章

私は庭に立つて空の雲を見て居りました。
一かたまりの雲が山の頂近くに浮かんで強い午
後の光を受けて輝いて居ます。
あの雲は動いて居るのだらうか、それとも止つて
居るのだらうか。
よく見ると雲は静かに静かに北の方へ動いて居
ます。その間にかをるは弟に来て弟が
「兄さんあそこに白い犬が居ますね。」
と言つて雲を指さしました。
いくらさがしても犬の形は見つかりませんと

私は象の形があらはれて居るの
を見つけました。
「僕には象に見えるよ。」
弟は黙つて雲を見て居ます。
向こうの水溜には一つまり雲の影
がうつつて居ます影の方は犬の
形にも見えます。
さつきから鳴いて居たのでしよ
うしきりに鳴く虫の声がきこえ
ますとばがすい／＼飛んで居

まず。

私は又雲をながめました。雲の形は〱くづれても、
犬にも象にも見えませんでした。

　　　第七　挾子ト齒車

次シテ棒ヲカナイデ右ハ動カンウト
繪ハ、棒ヲ使ッテ、畑ノ大キナ右ヲ近ケレバ
ハ、エテイルノデアル。枕ノ右ニ近ケレバ近イ程ヲ
所ヲサイカデアル。此ノヨウニ使ハレル棒ヲ挾子ト
カトイウ。カナイデ右ハ動カ。

挾子ハワスカナ力デ重イ物ヲ動カスニ用イル農

理ヲ用イ
具ニハ挾子ノ理ヲ用イ
物ガ多イ。草ヲ切ル鋏モ此ノ
米ヲ皆ッレ此物デアル。此ノ
稻扱器ニハ、齒車ガ使ッテア
理ヲアルゝ大キル齒車ト小サイ
回轉ハ、カナリ、齒車ト齒
合ッテ、齒車ガ一

간이학교 국어독본 권4 **원문** 221

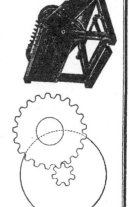

歯車ガ何回モ廻ル。歯ヲ踏メバ短イ歯車ガメマグルミ用
短イ齒車ガ大キイ齒車ヲタクミニ働
齒車ガ小サイノデ、大キナ道具ガ發
齒車ト、大小ノ理ワスカリデカ、歯車ヲ
デ踏メバシクレ短イ、挟子ト明出來ル
齒車ガ何カラカイナ

第八　新嘗祭(ニヒナメサイ)

（第四運動器圖）

（新嘗祭之圖）

瑞穗(みづほ)の國(くに)の御祖(みおや)に、御親(おんみづか)らとり入(い)れた田畑(たはた)の物(もの)を供(そな)へ、民(たみ)の徳(みのり)を
天皇陛下(てんのうへいか)は、今日(けふ)は始(はじ)めての新嘗祭(にひなめさい)。

春の　畑打・種蒔・間引
夏の　土寄・草取・田植

222 간이학교 국어독본

けふ田にも
けふ畑にも
穗に波ゆれる。

秋のといふ事をなくして
農事祭の笛・鉦・太鼓。
「農者天下之大本也」と
書いた大旗がひらめいてゐる。

迎

也　祭

（新民圖書局）

第九　孔子

孔子は今から二千五百年程前、支那に生まれまし
た。幼い時父に死にわかれ、母の手一つで育ちまし
た。生まれつき學問が好きで、遊ぶにも祭や禮法の
まねをする位でした。

若い頃役人となりましたが、初は倉庫や牧場の番
人でした。孔子は此のやうな、いやしい役でも、よ
く勵みました。倉庫には穀物が
が滿ち、牧場には羊がふえました。

孔子は仕事に熱心であったばかりでなく、その

羊　初若

孔子は學を勉むること一日も怠りませんでした。學ぶことを以つて樂しみとせられ、段目も共に多くなつて、

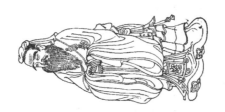

(孔子聖蹟圖)

德も益々進んで、教をこふ者が、

來ました。

或年のこと、孔子は祭の役を命せられました。孔子は禮法に明かなるものにさへ、いろいろなことを先輩にたづねるので、

(孔子聖蹟圖)

「まだ若いから何も知らないのだらう。」

といふさをして笑ふ者もありました。

孔子は此のうはさをきいて

「禮法のことはよく知つてゐるが禮を大事と思ふから、一々きいたのである。先輩にたづねること、これが禮である。」

と申しました。

孔子は大臣にもなりましたが老後は故鄕に歸つて、弟子の教育や著述に心を盡くしたまひました。弟子は三千人もあつたが、その一人々々に心をそへて教

詞

を授け心からかわいがりました。高弟の顔淵が死
んだ時、孔子は「自分が死んだも同じだ」と言って
聲をあげて泣いたと言ふことです。

訓

論語は、孔子や高弟たちの言行を集めた本で、世界
の人々から貴ばれてゐます。
孔子の教は萬代不易で、今をお我々の心に生きて
ゐます。

郵便（鐵・美）

　　　第十五　郵便

副

「一錢五厘ノ葉書や三錢封書がコンナニ早ク山ノ中ノ
一ケン家ニ配達サレルトハ、アリガタイモノデス。」

（古圖南村書校）

幸福

ネ。」
「通信ノ仕事ハ國家デシテヰル國民ノ幸福ヤ國家
ノ發達ヲハカルタメニ安クモシ便利ヲモハカッテ
ヰルノダ。」

新聞

「安イト言エバ、種物ヤ新聞ナドハズイブン安クテ
ネ。」
「種物ハ百十五厘デマスデハ一錢デ行ク新聞ハ七十五厘
ラデ五厘ナノダ。」
「ソレニ中々親切ナモノデ、此ノ間モコチラノ番地
ヲ書キチガエタ葉書ガチャント着キマシタ。」

配集受　宛　差出人名

「キツト」ニシテモ、サモ、ガ、シ、テ、居ケ、テ、ク、レ、タ、ダ、ロ、ウ。

集配人ガ、サ、ガ、シ、テ、居ケ、テ、ク、レ、タ、ダ、ロ、ウ。

宛名ヤ所番地ガ、イ、ケ、バ、係ノ人ニ手數ヲカケル。

受取人ガ、取、リ、ニ、來、タ、葉書

ニ三枚モ調ベタリ、紙ガツイテ歸ツテ來タ人ハ

差出人ノ住所姓名ガ、ハ、ツ、キ、リ、書、イ、テ、ア、ツ、タ、カ、ラ。

「電報」ハ、ド、ウ、シ、テ、早ク着ク、ノ、デ、ス、ヨ、ジ。

郵便所ニ電信機ガ、ア、ツ、テ、宛名ノ人ノ、イ、ル

呼　文　包

區域ノ郵便所ノ係ヲ呼出シテ、打ツト、打ツトウリ

ニ向ウテ、文字ニ書クノダ。

「スイブン便利ナ機械モアルモノデスネ。」

「着物ナドハ、ドウシテ送リマスカ。」

「ソレハ、小包ニスルノダ。宛名ヤ所番地

「オ金ハ、ドウシテ送リマスカ。」

「ソレハ、正シク書イテ、郵便所ニ出スト、届ケテクレル。」

爲替トイフデ證書ニシテ送ルト安全デ便

利ナ方法ガアル。」

金ヲ封書ニ入レテ送ルコトハ、イケマセヌ。

「普通ノ封書ニ入レルコトヲ禁ジラレテヰルモノハ、特別ナ送ル方法モアル。

為替モ、小包モ、電報モ、郵便局ヘ行ケバ、便所ヲ……。

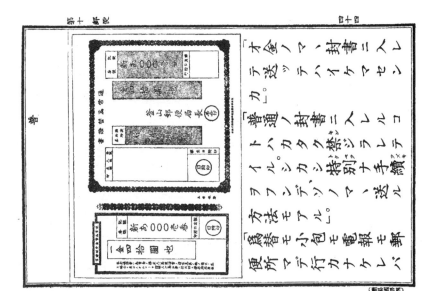

普通

（挿入図略）

この上、郵便ノ……出セマセヌ。

「ソレガ、郵便ノ安クテ早イコトハ此ノ上ナイ。利用ハ出来ナイ。」

第十一　快晴

晴れた空は快い。快晴が見られるので、心ゆくまで歩くことにする。

旅でもない今日は、一片の雲もない空が嬉しくて足が軽い。

道は小山を越え、林をまはる。小川にかけた橋をいくつも渡る。

何時間歩いただらうか、空は次第に曇って、雨もよう

にをつて來た。

ふと王陵の白い道しるべが目につく。よく扶
餘に來たのだ。右に折れて王陵の前に出る。芝生に
おられた古い陵だ。

城壁のあつたあたりで、時雨にあう。雨にぬれた古
い尾かけを畑の中で見つけた。

城あともかすかに見える。扶餘の邑内に入つた。

扶蘇山のほとり、白馬江が木の間か
ら村から白い煙が上つてゐる。碑は白く、流れは青い川の間か

（左欄外）扶　城　邑

かすかに雞の聲がきこえて來る。

急ぎ坂を下り、落花巖上に立つた。川岸に並んだポ
プラ並木の向こうに、水北亭が見えてゐる。

千數百年の昔、百濟からたくさんの人が內地に
わたり色々な學問や技藝を傳へたと言はれてゐる內地にわ
たつて來たのだらう。その川を見てゐると、その頃のことを思うとまる。

中に、日暮も近くなつた。この山をおりる景色に見とれてゐる
中菫薹のあたりして、ほらく黃葉した

（左欄外）劃　坂　急　景　葉

落葉松の林の中を通る。この林は二十年前、この普通學校の生徒が植ゑたものときく。落葉松林を見まはして、何とこのうつくしれ、このみごとさであらうこと、私はわざ/\扶餘に來てよかつたと思つた。

（圖は扶餘）

第十二　炭燒

絹岳山に植林を始めたのは十四五年も前のことで、木は檜・欅などの闊葉樹と松との混合林をなしてをり、この山林は相だ。まつけも近くの山までおそつて來てをり、この木は雪をふせぐ木も十分役に立つ。もとの木も十分役に立つ。昔い普通學校がある。武時、山林事務所の所員が、校長先生をたづねて來た。よもやまの話のすゑに

「こんどは山で炭を燒くことにしましたが、此のく
んでは炭俵が得られないので困つてゐます」
と言つた。校長先生は、ふと生徒にあますことやう
と思つて、
「日に何故あれはよいのでしよう。」
は」
とたづねられた。
材料はすゝきがよいのだが葉がらんであらうた、
寸法は正確にしてもらわないと困るすゝきと一
枚人　錢、葉がらなら五錢で何枚でも引受けるこの

得

粟

材料

ことであつた。
校長先生は卽座に決心して、
「では生徒にあますことやうぶんけらこをすれ
は出来るでしよう。」
と言われた所員は喜んで歸つた。
二三日の後、仕事が始つた。二人一組で一人が繩を
なうと、一人は材料をとゝのえる。一人が見本の寸
法をとれば、一人は重りをさがすといふやうで、故
課後の運動場はたちまち工場と變つた。
夕方になつて出来上つたのを見ると、繩のゆるん

てゐるもの、寸法の合わないもの、縄目のゆがんだ
ものなど色々ある。校長先生は

「これは横木の寸法を直せ、この縄のゆるいこ
とこのは重りが足らない、縄目のゆがんだのは臺
木がぐらついてゐたからだ」

と一々注意を與えられた。

もうよく細工になれてゐる生徒をのですごく上手
になる。三日目には、つばを炭俵ができるように
なった。

或月曜日のこと、一人の生徒が、

「校長先生、炭俵が歩いて來ます」

「な、に、炭俵が歩いて來る」

校長先生は生徒の指さす方を見られた。

「なるほど炭俵が歩いて來るようだね」

間もなく一人の生徒が、かごだが見えなくなるほ
ど、おけに俵を積んで持込んだ。

「みんなで三十枚あります、昨日は一日に十枚あ
みました」

と言って汗をふいた。

十日ほどして合格した炭俵が五百枚、運動場に小

煙

山のやうに積まれた。いよいよ山の事務所に運ぶこととなつた。事務所までは上りの一本道。見上げると、炭を燒く〳〵白い煙がほの〴〵と立つてゐる。その煙を目あてに、校長先生を先頭に三十人の一隊が、ほつ〳〵とうねうねと山の道をのぼつて行く。

（其他圖畫）

掲揚

昭

第十三　十二月二十三日

昭和八年十二月二十三日の朝のことでありました。何氣なく登校した生徒達は、玄關に國旗が掲げられてゐるのを見て、みんな「おや。」と思ひました。

「皇太子様がお生まれになつたのでせう。」

「内親王様がお生まれかも知れない。」

などと言つてゐる者もありました。

氣の早い生徒は、先生に

「先生どうでせう。」

とき、まました。先生はに〱〱〱しながら

「皇太子樣がお生まれあそばしたのです」

とおっしやいました。生徒達ははら〱〱と手をう

ちまました中には萬歳と言ふ者もありましたが、みん

な心から嬉しさうです。

午前十時、集合の鐘が鳴りひゞきました。氣をつけ

「前になら〱え」全校の生徒は二分とか〱らずに整列

をおへました。

校長先生が壇の上に立って

「皆さん今日はほんとうに嬉しいことをお知ら

唱歌

せました。今朝皇太子樣がお生まれあそばさ

れました。我が大日本帝國の日嗣の皇子がお生まれあ

そばしたのです。」

先生も生徒も「わあ」と言ってしまひたら嬉しさ

をこらへてきちんとしてゐました。

「今から國旗をあげて皇太子樣の萬歳を三唱し

ましよう。」

校長先生が壇をおりると直ぐに揭揚塔を上り始めました。かな日の丸

を染めた大旗が靜かに揭揚塔を上り始めました。

唱歌

かんなの目がそれに注がれておごそかに歌い出す「君が代」。

　君が代は千代に八千代にさゞれ石の
　巌となりてこけのむすまで

眞心から歌ふ君が代の歌に押し上げられるやうに

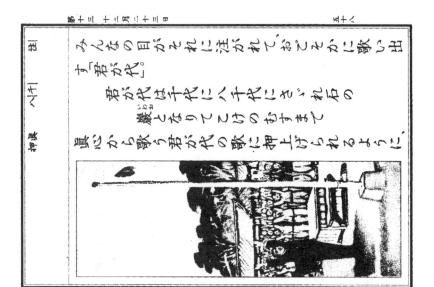

（慶賀式の圖）

りんとした十二月の朝風にゆれながら日の丸の
旗が高く上つてゐます。
「皇太子殿下萬歳。」
「萬歳。」
「萬歳。」
生徒の心から唱へる聲が、日本晴の大空へひゞき
わたりました。

第十四　滿洲から

四　平野

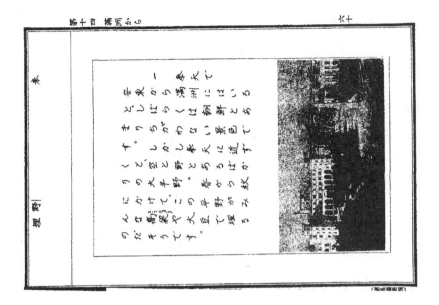

大陸である満洲は、朝鮮とちがつて、天には奉天あたりから景色がかはつて、大きな平野となり、大豆や粟の畑でうづまります。
　一　東といはず、西といはず、ずつと大きな平野がつづいてゐるので、…

（奉天附近）

五　戰蹟順

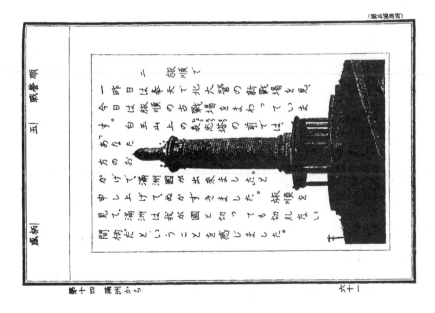

感樹

旅順で大きな戰蹟の塔の前でわれ／＼は、北の古戰場を見てゐます。
奉天の古戰場をも見て、旅順をも感じて、滿洲は我が國と切つても切れないものだと感じました。
　昨日は旅順の白玉山の上の表忠塔を見上げて滿洲は我が國と切つても切れない間柄だと見…

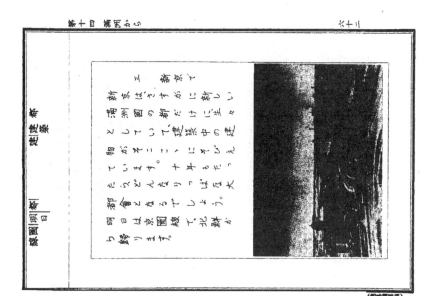

新京圖畫　建築幕

こゝに新しく建てられた
ばかりですが、大きな都會
で、新京はまだ都のなかば
ですが、新滿洲國の都とし
て、これからどんどん大き
くなるでせう。これから、
りつばな建築物がたくさん
出來て、都も日に日に明る
く賑やかになつてまゐりま
す。

（滿洲圖會社）

第十五　世界

地球の表面は海と陸とである。

海を分けて太平洋・大西洋・印度洋などとし、陸をア
ジヤ洲・ヨーロッパ洲・アフリカ洲・北アメリカ洲・南
アメリカ洲及びオーストラリヤ洲に分けてゐる。

今朝鮮を出て横濱から船に乗込み、太平洋を東へ
進むと二週間ほどでアメリカ合衆國のサンフラン
シスコに着く。こゝから北米大陸の横斷鐵道で東へ
進むと數日の後にはイギリスのロンドンに着く。
ニューヨークに行き、再び船に乗って大西洋を東へ

海洋及び地理　表

236 간이학교 국어독본

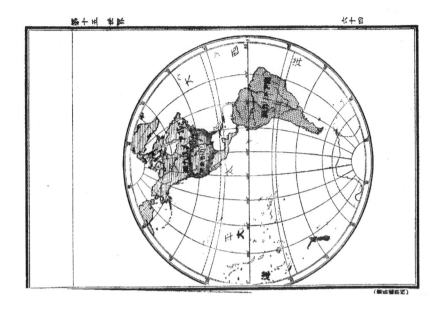

(西半球地圖)

(東半球地圖)

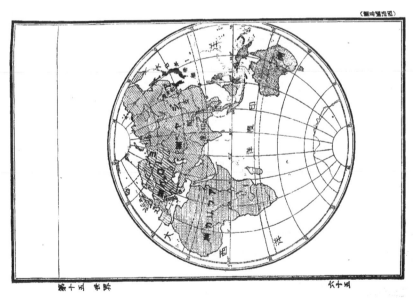

かうして東亞の港を、便をかりてアジヤ大陸に出て、ヘルリンやパリへ、ロンドンへ、更に船の便をかりてアジヤ大陸に歸ることが出來る。歐洲大陸に渡り、これを東に横ぎると、アジヤ大陸に出て、ウラジオより鐵道を利用して朝鮮に歸り、

世界を一周するには汽船と汽車によるものが普通だが一歩も陸地を踏まずに汽船だけでも周られる。

又、飛行機で僅かの間に周ることさへ出來る。

かうして見ると世界は廣いようでも、益々狹くなる。

我が汽船はいたる所の港に日の丸の旗をひるがへし、貿易につとめ、我が貨物は盛に流れ出て行くが、

（挿畫省略）

（挿畫省略）

へ、今や我が國民は世界各地で活動するやうになつた。

第十六　星の話

私がまだ十二三の頃、太陽は一種の星であると教えられてびつくりしたことをおぼえています。夜の空にかがやく無數の星が太陽と同じものを、溫かなはずだとも思つたものです。しかし太陽よりもずつと遠い所にあるから、光も薄く小さくも見えるのだとわかると、今度は空の星の空は夜は晝よりも明かるく、

廣大な空

これ〴〵と思ひめぐらしてゐるうちに、私はひどく驚きました。あの空の雲とはちがひ、またちりともちがひ、またしらじらとしたものが無數の星の集りだと思ふやうになりました。

私はじつに、夜の空に眺める人のなかで、空の廣大なのに比べると、地上のものはみんなを小さく〳〵思はれます。

地球も空にかゝつてゐるといふ一つの星だと、いふことを聞いたときは、恐しいほどの遠さを廻つてゐるといふやうなことは、初め信ぜられませんでした。しかしその話を聞いた晩に、地球から足をすべらせて、どこまでも〳〵落ちて行きさうな恐しい夢をみました。

私は昔の人が月を見て、兎が餅をつくと思つたり、天の川からひこ星とおり星との話を考へ出したりしたことをなつかしく思ひます。星と星を結んで大熊や小熊の形を想像したことを面白いと思ひます。ことに、ㇵの形をしてゐるといふ北斗

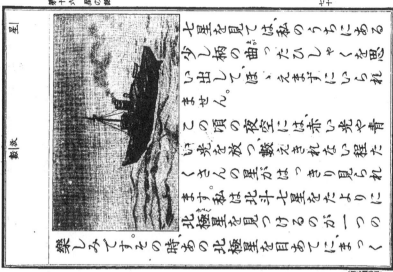

星座

北斗七星を見ては、私のうちにある少し柄の曲ったひしやくを思い出します。

この頃の夜空には赤い光や青い光を放った數多きの星が、はっきり見られる程たくさんの星が見られます。

私は北斗七星を目あてに、北極星を見つけるのが一つの樂しみです。その時、あの北極星を目あての、北極星を目あてに

（圖は省略す）

（第十七　市ト農業）

らを海を進んで行く船を思い浮べることがあります。

第十七　市ト農業

大昔山デ生活シテ居タ人々モ、獸ヲトッタリ、海ヤ川ノ魚ヲトッタリシテ、食用ニ足シテ居タガ、ダンダン人ガ出來テ來ルニ従ヒ、農業ヲ營ム者ヤ穀物ヲ作ル者ノ中ニ商人ナドガ出來テ來タ。ソレ等ノ人々ハ穀物ナドヲ取リカヘル市場ナ用ヒ、互ニ接觸スル事ガ出來ルヤウニナリ、毎日市場ヤ市場ニ集マッテ來マシタ。

貸借

運布庭

マシタ。

シ、ソノ中ニ才金ト
シテ物ヲ賣買スル今日ノ市場ニ進ミ、オイ〳〵ト商
業ガ發達シテ來マシタ。

物ト物ヲ取換エタ昔ノ市場ハ、才金
デ、物ヲ賣買スルニハ便利ナモノガ考エ出サレマ
シテ市場ガ發達シテ來マシタ。カラモ生活ニ入用ナモノハ、タ
ガイニ家庭デ作ッテイタモノデス。男ガ綿ヲ收穫スレバ、女ハ絲
ニツイテ物ヲ織リ着物ヲ縫イマシタ。又、物ヲ作ル器械モ非常ニ進歩シテ

（市場ノ風景）

來テ、コレガ大キクナッテ市場ホ物ニスル人モアリ
リ、ウシテバ、イーパシ、農業ヲ以テ布ヲ作リ出サレマシタ。
バ、ウシテ發達進歩シ。
物ガタクサンニ作リ出サレマシタ。
商業ヤ工業ガ發達進歩シ、
市場ニハ誰ガ見テモ思ハズ
買ヒタクナル品ヲ
織ッタリスルニ
タリ、人ノ
履ミ物ヲ
物ヲ作ッテ布ヲ作ッタ

必要

出限

タリスルコトヲ
ニナル作柄ガツマラナイト思ケバ青方アルヨウ
者下出来ナイ文、ホシイト思ケバ物ハ皆必要ナ物トシテ青方アルヨウヨ
賣リ自作デラ前後考モナイ物ハ皆必要ナ物デモ當然オ金ヤ家方ヲナル者
者農家デ作ルモノニハ限ガアル市場ニツラレデ何デモ買込コトヲ
モ止ムヲ得マセシ小作農カラ作男トナルコト
農家デ作ルモノニハ限ガアルノ為ニ田畑海ヲ作男トナルコト
アルガノ便利ニツラレデムタナ物ヲ買ウダケデ

デハ、マセシ。
ハ、全ノヲ金ヨリ更生ノ上ニモ利用シタトハ言ワレ
鮮ニハ市場ガ千五百モアイトデハ、一家ニモ、
利用スルト、コレヲヨク利用シタトハ言ワレ
大キナ更生ノ影響ガアリ

第十八　理事さんと部落

「あゝ金融組合の
金融組合の理事さんだ理事さん。
第十八　理事さんと部落
「今日は」この前お話したように、この
今日は

物産農	類	畜	水産物	織物	其ノ他

市場賣買商品

（昭和九年四月千四百二十部發行）

242 간이학교 국어독본

部落を養雞部落として指導することにしまし
た。一戸に十五づつの種卵を分けますからかえし
て大事に育ててください」
「どうもありがとうございます」
「區長さん、一日も早く養雞組合をつくるやうに
してください。卵代は私の方で預りませう」
「はい承知しました」

一年たちました。
「權さん、あなたの雞卵貯金はもう三十二圓にな

ってゐますよ」
「理事さん、もうそんなになりましたか」
「小牛が一頭買えますよ。お世話しませうか」
「どうぞお願致します」

やがて部落の家々の小豚が六十五頭、小牛が七十
七頭にもなりました。

「理事さんのおかげで部落の子供はみんな學校に
通えます。税金まで雞卵貯金で納められるやうに

になりました」

「それはけつこうです」

「その上、この部落の者は大方金融組合に加入しました」

「區長さん、私は組合員がみんな借金のない自作農になれるやうに考えてゐますよ」

「ありがたうございますさうなれば仕合わせでございます」

部落の人々は組合の貸付金で借金を返し土地を

買入れました。元金と利子は繭卵から生み出して返す約束です。

ぶうぶう～～。

「それ理事さんがほら貝を吹く」

「さあ起きて仕事に出よう」

「理事さんおはやうございます」

「お婆さんおはやうさあ朝の中一時間だけ働らいて下さい」

「はあやりましよう」

こうして部落に一本の□□は□□道ができました。人々は「はん員通路」と言っています。どこにもの草を刈って高い堆肥の山もできました。

「区長さん、部落の貯水池に鯉を飼ったらどうでしょう。」

「それはよい思いつきですね。ぜひ飼いましょう。」

「知事さんから部落にいただいたお金は何につ

飼池

かいますか。」

「山を買ってて平樣栗を植えようと思っています。」

「それは大賛成。」

賛成

部落の池では鯉の子が十種にもなってちちはねているそうです

でもこちらでも鶏の鳴く聲がします。
今に山には栗の實がたくさんなるでしよう。

第十九　農家の手細工と加工

農家の手細工には色々ある。最も手近なものは蓑
細工で縄・叺・わらじ・ぞうりなどをつくる。蓑の外、
萩・杷柳・萱草などを材料にすると變つたものがで
きる。これらは農家の生活を便利にするばかりで
なく、商品として販賣すれば相當の收入が得られ
る。叺を織つて自作農となつた者、杷柳細工で立つ
ている部落もある。これを見ても手細工の大

切なことがわかる。
農家は原料が豐富であるから、知識と研究さえ
あれば、大した設備をしなくても、色々の加工品を
生産することができる。
たとえば、麥で飴をつくり、馬鈴薯からは澱粉が
とれる。その他、穀物の粉、大根や甘藷の切干、大豆か
らとれる米・豆腐・納豆・味噌・醬油・藷が農家ででき
る。これらは、巧に包装すると大工場の製品に劣らな
い商品となる。
牛は利用の道が多い。耕作用や食用として人を益

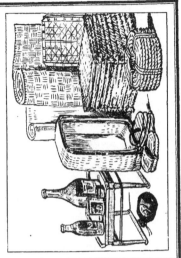

肥料、厩肥。……これを良い肥料……は賣るか、外の利用は皮革の材料に……角・骨・蹄などは……、たり、プラシなどの柄に作……こと……脂肪は石鹸の材料に……一般の農家では此の方面に餘り手を着けてゐない多くは都會の工業家の手

にまかせて製品を買ふはかりである。かうしては農家は立ちゆかない。

皮のなめしたんぱん細工石鹸の製造などは大仕掛の設備が無くてもできる。

その他果實をジャムやケチャップに、或は果汁をしぼり豚肉をハムに作るやうなことも容易にできるのである。

このやうに數へてくると農家の手細工や加工の範圍はまことにひろい。使っては生活を便利にし、食べては健康を養ひ、賣っては生計を豐かにする。

しかし研究と進取の精神が乏しくては何一つ
れるように成らない。まして協同の心が薄く組
合をつくる方法を知らないと、ほとんど實る
ことも出来ないであらう。

第二十　貞植君

一年生の貞植君は、國語が大分うまくなりました。
此の間に二人はこんな約束をしました。
「君と僕とは、これから何でも國語で話すことに
しよう。もし約束を破った者は、草履を一足作つ
て相手にやることにしよう。」

というのです。
昨日貞植君は顔を眞赤にして、じつとだまつていました。
私は、きつと言葉が思ひ出せないからであらう
と思つて、
「何だね、貞植君。」
ときくと、
「お金落とした。」
と言ひます。
「あゝ、お金を落としたのだね。」
私は貞植君と一所にあちらこちらと探しや

と見つけてやりました。

今日、貞植君とあつたので

「貞植君、髮を刈つてあげよう」

といふと

「まだうつていよう」

とえんのよしました。實は二三日すると理髮試験
があつて、私が受験の番にあたつたので、試験
といふのは先生の髮を刈つておあげすること
いうので、そのことを打明けてあらためて
おと、貞植君は

「豫備試験ですね」

こんなことを言ひますどことから豫備といふ
言葉をおぼえたのか感心してしまいました。
まだどちらも草履を作りません私は貞植君と此
の約束を一生つづけようと思ひます。

第三十一　松下村塾

吉田松陰は、普通の民家を村塾にして僅か二年半
ばかりの間教育しただけであつたが、塾生の中か
ら、六人の大臣を初め、多くのえらい人を出した。明
治維新の大業は、この弟子達のはたらきによる所

が多かつた。

松陰は塾生と起居を同じく晴れた日には田畑に出て共に耕し、雨の日には一所に書を讀んだ。或年のことである。塾舎がせまくなつたので、近所の古家を買入れてこれをつくろうことにした。松陰と塾生が一所に働いて仕上げた大工を雇つたのは一日か二日であるとはみんな

この時高い所で壁をぬつてゐた塾生があやまつて壁土をとり落したあつといふ間もなく下にゐた先生の全身を泥まみれにした

產　會　剛

塾生はあまりのことに立ちすくんで言葉も出なかつた。しかし先生は平氣で、下泥をあびながら土を送つた。

塾生達は後にもよくその時のことを思い出しては先生の德をほめたと言うことである。

第三十二　釋迦牟尼

釋迦牟尼は今から二千五百年程前にインドの或城主の世子として生まれました。

釋迦牟尼は大そう才を受け深く又何事にも深く考へる性質でした自分は何不自由のない身分だが世に其の日の食べ物にも困る者がある又人に違つかわれる牛馬もある自分も老いて死ぬこと外の人と少しも變らないといふことを思ふと此の世の中にあわれでないものは一つもありません。

「人は何の爲に此の世に生まれて來たのか我々の行末はどうなるのだらう」

こんなことを深く考へるようになりました。しかしいくら考へてもわかりません。此の上はえらい人をたづねて教をうける外はないと決心しました。此のことを知つた家族の人々は大そうこれをとめましたが釋迦牟尼の決心は強くとうとう或夜人にも知れず宮殿を捨てて山へ行きました。

それから世子の着物をぬいで粗末な衣に着かへ、あちらこちらと歩いて學者をたづねましたがどの人にもどの人の教にも滿足ができませんでした。

行

劫

しめました。つひに悟らうとして、この道でまことに自分のよらずた。

釋迦牟尼はあらゆる苦行をもつづけたのですが、疲せ衰へて、物にすがり付けなければ立てないやうな位になりました。だがしかし、何の効もあるものをけるものもありません。

疲

恩

釋迦牟尼は苦行を止めてしまひ、まづ元気を回復し、今度は凉しい木の陰に坐って、考へることにしました。食べ物は程よくとり、疲れも依然として、きました。この間にも惡魔の道が次第にわかって

（無題圖入）

迷

恐

があらはれて、幾度もしやうをしましたけれども、釋迦牟尼は少しも恐れませんでした。迷ふことも惑ふこともなく、この道を悟ることもし、とうとう或日の曉に、まことにこの道を悟ることができました。

與

釋迦牟尼の心の中は喜ばしいことであふれて、たとへやうのないほどにうれしく思ったが、やがてその喜びを人にも與へたい

いだしは五十年もち子も弟子も集つて教を説き、道を教へらうことも説きました。慈悲の心からだと說きました。多起りました。がこれを、五十年の間、廻つてこれを、說きに釋迦牟尼もこの父母妻子

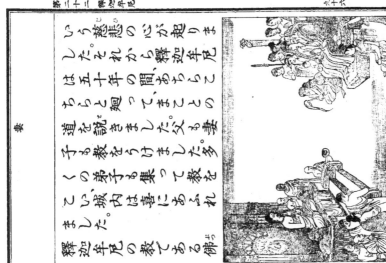

こまし城内は善にあふれまし釋迦牟尼の教である佛

事

ら。教は、その後、幾千萬の人々にまことの道を知らせた。その後も幾千萬の人々を導くこととしよ

導

　　　　第二十三　家ノ調査

自分ノ家ノコトハ、誰デモヨク知ツテイルト思ツ
テモ、イザ知ラウトスルト、知ラナイ
者モアリマセウ。タトヘバ、自分ノ
自分ノ家ノ草鞋ヲ作ルニハ、調査シ整理シテミナケレバ、最モ家デハ收入
自分ノ家ノコトヲ知ツタトハ言ハレ

事

支出
モヲラフ家ヲコレニナルハ一ッホント其ウトウニ知ラナイ為ニ、分ラ不相應ナルコトヲスルヨウノ調合ニ複雑デ、ハッキリシナイカ。支出モ一ッホント其ノ必要ニ知ラナイ為ニ、分ラナイデ、誰ニッテモ大切デアル。資産モ、其ノ必要ニ應ジテ、イジナノヨウノ。

計劃
家ノ調査ハ、家族カラ始メテ、勞働力デアル。合計ヲ出シテ、老若男女ヲ區別シテ調査シ、資産ヲ調査シテオキマス。農家デハ、田畠ヤ山。

重劃
株ガ重要ナ資産デ、收入ノ大部分ハ、コレカラ出マス。

良否
スッ小作ノ別ヲ知ルレ、ソレハオカシイ。デノ、來歴ヲ調ベテ、良否ノ別ヲカナレバ、面積ハッキリナリ、自作。

興味
スニッコ家畜ヲテ、オレニモナシ、デハ多ッ家畜モ重要ナ資産デ、少ナ興味ヲ湧分ガ考ヘル。勞ハッキヨノ。

家族調

續柄	姓名	年齡	性別	勞働力	其ノ他
經營主					

耕地・牲調

種別	耕地面積			民付面積	利用状況
	自作	小作	計		收利用状況使用
畠三毛作計二毛作					
桑田 合計					
坐	舍所有地畑		ノ状況用蔬菜		用土地見積

農産物生産高調

種別	作付反別	收穫高	反當收量	作柄

農産加工・林產・水產調

種別	生産數量	價額	原料	從事日數	給料原料缺乏狀況

現金收入調

種別	數量	金額	考

現金支出調

種別	數量	金額	消費使用物品種類・程度・方法

數ヲキメ、家族ノ數ニ應ジテ、家畜ヤ田畑ノ數ガ、不經濟ナモノハナイカ、不相應ナ農具ハナイカヲ調べテ、農具ノ準備ヲモ大切ナモノニシテ、ソレニ備ヘテオカナケレバナリマセン。田畑ニ相應シタ農具ノ調査モ必要ナモノデス。過半デス。故ニ、見苦シイコトニナルデショウ。

──────────

處ニ、何ノ仕事ニ働クノガ、現在、何ノ仕事ヲシテイルカ、ソノ收入ガドレダケアルカヲ調べ始メ、數量ヤ種類ガドレダケアルカ、種類數量ガ、ドレダケアルカ、生産物ノ勞力ガドレダケアルカヲ知ルコトモ大切デス。並ニ、デ立ツテイケルカドウカ、調査ト農家ハ過去及ビ現在ノ資產ヤ勞力ノ利用ノ狀態ヲ調べテ、衣食ノ費用、各種ノ費用、現金ノ支出ヲ調査スルコトガ大切デス。將來ノ方面ニ、財產及ビ計畫ヲ立テナケレバナラヌコトガ大切デス。現金ノ支出ヲ調査スルコトガ大切デス。

經濟狀態ヲホシ、トウノ
自家ノ正シク知レ、ナケレ
イトアルカラ、
ナイ言ハ、自家ノモノデ
イテハ調査ハモノデアル
テ、ツトニシテナケレバ
カ、タニ、正確ニシナケレ
カ、知ルカラ、正確ニ
カニ要スル幸福ヲ計リマセン。
ワ、ナケレバナリマセン。

更生トイフコトハ、皆コノ調査ヲモトマス。
是生計畫ニ本ヅカナイモノハナイ。
勤儉力行トイフモノハナイ。
儉約トイフモノハナイ。
力ノ部落ノ更生モ、組合ノ發展モ
行トイフモノハナイ。
本ノ調査ヲモトマス。

第二十四　炭燒く山

冬の山坂落葉をふんで
白い煙をめあてに登る。
登り登った山ふところの
雑木林に炭がま一つ。

木は梢を樂しく
かまは炭燒く白い煙、
青い空へと細々あげる
かまの煙出づらしろに一つ。

山の向こうに木を倒す男、
斧を振り上げはっしとおろす。
はねる木の屑ぴゅぴゅはこだま、
どうと倒れて枝鳴り地鳴る。

里へ積出す大俵小俵、
うんとかんで一ちげ四俵。
車道まで山坂おりる、
山の炭焼力が強い。

第三十五　非常時

我が國は明治維新から今日迄約七十年の間にさ
え、幾度も非常時にあっている。しかし我が國民は
いつもその非常時を乗切って来た。
どうして乗切ることができたのであろうか。それ
は常時に力を蓄え、非常時にこれをはたらかしたか
らである。この力はどこから湧くのであろうか。
それは全く國民の忠義の心から湧くのである。
天皇陛下が自重せよと仰せ給えば忍耐し、力を内
に蓄えよと宣えば勤倹力行し、國民精神を作興せよ

戰勝

愛會

倉前

よと、勅し給へば、謹んで御教を奉じ、文、慶應、身命を捨て
あるて戰の際、戰へとお命じあるを奉ぜられると、身命を捨て
て戰の勝利を得た。

非常時は一身一家にもある。親兄弟に分れてよ
べくなら身となることもあらう。昨日に續る今日の
貧困をなげくこともあらう。或は收養が去年の半
にも足らない年もあらう。人は一生の中にこのよ
うな災難にあらかわからない。

このやうな一身一家の非常時には、どうすればよ
いのであらうか。

先づその原因をはつきりつきとめなければなら
ぬ。さうしてそれを切りぬけるによい、正しい、確かな
を計畫を立てなければならぬ。よく計畫が立てこ
れによつたならば、一家をあげてこれを進めばよい。それ
切りぬけられぬ者はない。

天皇陛下の下された數々の御詔勅は、いつどんな
場合にもわれ〳〵國民に目標と力とをお與へ下
さるのである。一國一家一身の非常時はいつ來る
かわからない。非常時には、たらかす力を常時に畜
へ、工夫が肝要である。

第三十六　爆彈三勇士

昭和七年三月、上海事變で我が軍が廟行鎮を攻擊した時のことである。

敵は陣地に深くたてこもり、そのまへに高さ三米幅四米の鐵條網をはりまはしてゐる。そして、機關銃をうちまくって、我が兵がちよつとでも姿をあらはすと、うちまくって、その一歩も近づけまいとする。

我が軍は明日こそどうしても敵陣を攻めとらねばならぬと決心して、先づ工兵に敵の鐵條網を破壞せよと命じた。命を受けて工兵は、決死隊をいく

つくった。爆藥をつめた筒を鐵條網に差しこみ、火をつけて爆發させる手はずである。

これは二十二日の午前五時、一隊は出だした。見事に成功したら、突擊路が一つひらける。

明けて、二十二日の午前五時、一隊は出だした。見事に成功して、突擊路が一つひらけた。敵は驚いて機關銃をうちだしたらしい。機關銃をうちだすさまじい音

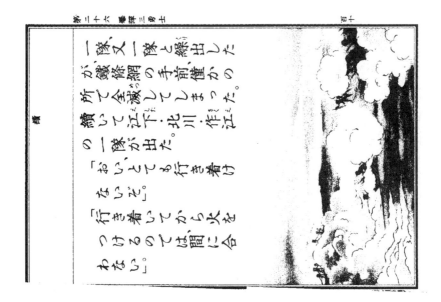

一隊又一隊と繰り出した
が所々で全滅して、江下・北川・作江の
鐵條網の手前僅かの
續きの一隊が出た。
「おくれても行き着け
ながら」
「行き着いてから次を
つけるのでは間に合
はない」

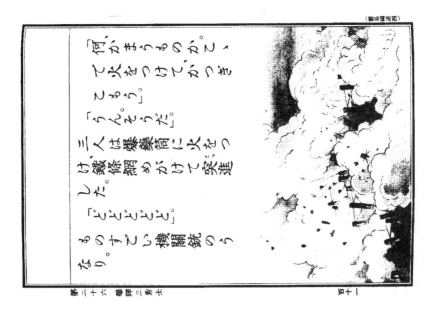

「何かまうものか、
火をつけながら行
くのだ」
「うんさうだ」
三人は爆藥筒に火を
つけ、鐵條網めがけて突進
した。
「ととととと」
ものすごい機關銃の
うなり。

見事に爆藥筒を差し入れた。

　　ただあん。

天地をゆるがす大爆音三勇士のからだは火煙の
中に消えてしまつた。

「ばんざあい」

「つゞけ」

待ちかまえていた歩兵は一度にどつとおどり立
つた。

間もなく鐵行鑛の敵陣に日の丸の旗がひるがえ
つた。

一　農具を注文する手紙

小型の三德鍬十挺二月末日までに到着するよ
う注文いたします。こちらはもうすぐ田の耕作
時になりますから、期日までに間に合わせなけれ
ば出來合の品でよろしいですから送つて下さい。代金は何時
もこのように引換郵便にして下さい。

　二月二十三日　　　　　　　　　金明在

金達萬様

二　父の病狀を知らせる手紙

第　　簡閱文　　讀

度々お見舞下さいましてまことにありがた
く存じます。

御心配をおかけしたお父さんの病気もおい
およくなりました。近頃では一人で床の上に腹
起きも出來ます。食事も大そう進んでまいりま
した。醫者からももう大丈夫だと言われていま
すと、家中喜んでいます。お母さんに代りまして
お禮かたがた、最近の病状をお知らせ申し上げ
ます。

叔母さんや貞姫さんによろしくお傳え下さい
ませ。

　　三月二十四日　　　　　　　李得興
　朴全吉様

　　三　叔から叔母へ

叔母さん日中はいくらか暖かになりましたが、
皆さんお變りはございませんか此の間お話し
になった子犬はもう大分大きくなったでしょう。弟
はあれから毎日「小犬をもらいに行こう」と乳
ばかり言っています。それてお母さんも「もう乳

をはなしても良い頃だらう故母さんに一度お尋ねて見ようと思つてゐましたが、今度の日曜日にまゐつたらと思ひますが、如何でございませう。お尋ねいたします。

　　三月二十四日　　　　　　　公吉

叔母上様

　　　　　第四　叔母から甥へ

お手紙拝見いたしました。

お約束の子犬は近頃大分大きくなつて、もう何でも食べるやうになりましたから、訳をはなし

ても大丈夫です。一番かわいらしいのを上げますから、今度の日曜日にはぜひ連れにお出で下さい。お待ちしてをりますどうぞお母さんによろしくお傳へ下さいませうなら。

　　三月二十六日　　　　　　　叔母より

公吉様

　　　第三十八　朝鮮ノ農業

　　　　土地ト氣候

朝鮮ノ土地ハ多ク赤色ヲ帯ビテ痩セテヰルヤウニ見エル方デ、ソレニバカリデハナイ

氣候モ農業ニ適シテイル。夏ハ氣温ガ割合ニ高ク、雨ガ多イノデ、穀類ヤ蔬菜類、果樹等ノ作ニ適シテヰル。田ニハ堆肥ヲ施シテヰルガ、雨量ノ大部分ハ此ノ冬ニナッテモ日照時間ガ長イ、内地ニ比ベテ番ク、養畜ニ都合ガヨク、土地ノタメニカヒ、果樹ニモアルガ、地下水ヲ利用シ、水利ヲ開キ、草ヲ利用シテ人力ノ及バヌ田ニハ防ガレルコトモアル。降雨ハ七月八月ニ多イ。一年ノ雨量ノ大部分ハ此ノ

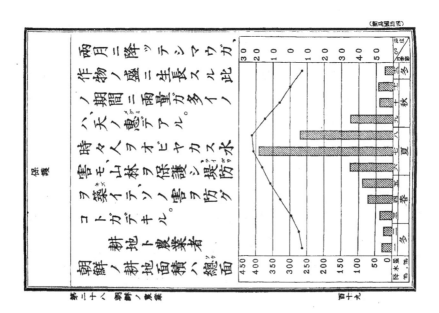

兩月ニ降ッテシマウガ、此ノ
月ノ降雨ハ作物ノ盛ニ生長スル期間ニ雨量ガ多イノハ、作物ニハ天ノ惠ミデアル。
降雨ノ期間ニ雨量ガ多イ。
作物ノ生長スルニハ、時々雹害モ生ズルコトガアル。山林ヲ保護シテ雹害ヲ防グコトガ出来ル。

朝鮮ノ耕地面積ハ、總面
農業者ノ耕地ト

264 간이학교 국어독본

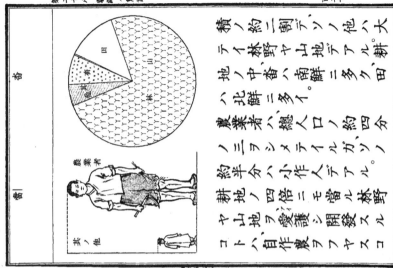

他ハ、大ノ田デアツテ、約三割デアル。林野ヤ山地ハ、北鮮ニ多ク、積ツテイル地ノ山地ハ、南鮮ニ多イ。

農業者ハ、總人口ノ約四分ノ三ヲシメテイルガ、耕地ノ約半分ハ、小作人デアル。林野ヤ山地ハ、耕地ノ四倍ニモ當ル。林野ヤ山地ヲ愛護シ、開發スルコトヤ、自作農ヲフヤスコ

トハ、共ニ朝鮮ノ發展ノタメニ大切ナコトデアル。

農産物

朝鮮ノ農業ハ、古クカラ行ワレテイナガラ、其ノ方法ガ改善サレナカツタ。總督府ハ、政ノ初カラ、其ノ改良奨勵ニ力ヲ盡クシテ來タ。水利ノ便ヲ開ケタリ、良種ヲ增加シタリシタ。其ノ結果、耕地ノ面積ハ大イニ增加シ、作物ノ品種ガ殖エタ。

農産物ノ主ナルモノハ、米・大豆・麥・粟ナドデ、産額ガ大イニフエタ。繭ハ

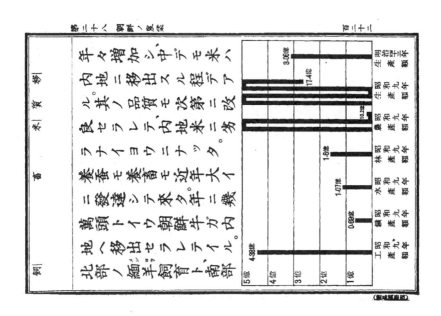

年々増加シ中デモ内地ニ移出スル其ノ品質モ次第ニ改良セラレ内地米ニ劣ラナイヨウニナッタ。

畜　養番モ養畜シテ發達シテ来タ近年大イニ養番ニ朝鮮半ガ飼育ト南部

肥　料

綿羊　萬頭ト地ハ移出セラ南部ノ地ハ移出セラ綿羊飼育トシテ近年大イニ養畜ト南部

	生明治卅二年額	3.06億
	生昭和九年額	17.4億
	畜昭和九年額	10.2億
	林昭和九年額	1.6億
	水昭和九年額	1.07億
	鑛昭和九年額	0.60億
	工昭和九年額	4.80億

（朝鮮總督府調）

（朝鮮總督府調）

棉作ト共ニ當局ガ力ヲ注イデ奨勵シテ来タノデ朝鮮ノ農業ノ主要ナ地位ヲシメルヤウニナルノデ米作ト共ニ當局ガ力ヲ注イデ評判ガ近頃ノ産額モ内地ノ人ニモ参テ此ノ外ノ人ニハ其ノ生産高モ朝鮮ノ農業ハ次第ニ發達シテ来タ最近デハ施政當時ノ約六倍ニ達シテイテイル。棉作ハ次第ニ增シテ来タ支那人ニ喜ハレ

第三十九　新約

李栗谷は郷約を作って人々を教え導きました。郷約は古くからあるが、これを生かす人

こらを行つて人々に模範を示しました。

栗谷は其の鄕約を整へ、頒る熱心に普及を目ら... かりました。

栗谷の鄕約には先づ人の行ふべき道が示してあります。忠孝をはじめ、兄弟・夫婦・朋友・長幼の序をとき、此の道に反する者は罰することになつてゐました。

鄕約には又各種の事業を行ふきまりも設けてあります。災難や病氣で困つてゐる者や貧乏な者を...これに物を與へて助け合ふことをときました。これは組合を作り禍に備へたもので、社倉も鄕約の事業の一つでした。社倉は穀物を蓄へ、貧民の救濟や凶作の禍に備へたものです。

栗谷の鄕約は德をすすめ、互に助け合ふ規約で、最もよく協同の精神をあらはしたものであります。

第三十　勤勞の花

忠植の家はもと田舍でも相當な暮しをしてゐたが、父の代になつてひどく貧しくなつた。

忠植は卒業間ぎわの或日のこと、先生から卒業生指導の話を聞いて、指導生にしてもらひたいと願い出たが、それが許されて、織機を一臺貸してもらつた。彼は一に父を遠けるだけであつた。父は傭仕事に從事し、夜は縄をなひ、むしろを織つた。彼は晝おれ

は後やその意氣ごみで働いた。

今まで使ふはかつて働くことを知らなかつた父

（朝鮮總督府）

も、これに勵がされ、むしろを織り、繩をなふ人れがえ、日夜忠植を助けて働いた。

かうして忠植の家は貧しいながらも、始めて平和な家庭となつて、洞民の信用も取り返した。かうして翌年の春には、やうやく畓十アール田三十アールの小作をするやうになつた。彼はこれに力を得て、ますます働いたので、世間の信用は一層加わり、五年目の春には、田畓合はせて百アール位の小作をするやうになつた。又牛や豚や雞など年々ふえて、皆成績が良い。

268 간이학교 국어독본

彼の勤勞はむくいら
てみすばらしかった小さ
な屋は何時の間にか、さっ
ぱりとした家に變り、一
年の收入は一家の生活
をさゝえても、餘りがあ
るようになった。

忠植が貧しい少年から
今日の幸福を得るよう
になったのは、勿論學校

の指導によるところが多いが、忠植が又自力更生
の精神で父母を動かし、一家の者が力を合わせて
はげんだからでもある。

彼は常に借金をせぬように、一錢でも節約して貯
金するように心がけている。今でも彼の家には周ら
表は一着あるだけで、外出する時は父と代る〳〵
着ることにしているそうである。

彼の志の達せられるのも必ず近い中のことであ
る。

第三十一　納稅美談

洞

　納期の近づくにつれて春植の父の顔には心配の
色がまして來た。

　此の一洞は戸數四十あまりどの家も僅かの小
作である。それで納税の成績は至つて惡く、納期の來る度
に面から五回六回の督促を受けないことはなかつた。

　春植は此の有樣に小さい胸を痛めた父をはじめ
洞の者は税金をどうしたらよいのか、納めるやう工夫

夫五

はないものかと日夜考えつづけた。

　或日春植は、つひに意を決して部落の子供を殘ら
ず集めたそうして

　「納期の近づいた此の頃僕等の親達はどんなに
心配していられるだらう納税は國民の大切な
義務である。それを怠るのは、國民として此の上もない
恥だ。一つお互の力で親達を助けて納税の義務を
果すやうにしようではないか。

と相談した。

　春植の熱心は一同の小さい心を動かした彼はこ

料互

割

額

三人の主だった友達と
はかって、次のやうな實
行方法を定めた。

一、めいめいの力に応
じて、わらしべなどを
作って貯蓄し、會員は毎月
一人十錢づつの積立
を立てること。
二、積立金は貯蓄して

（納税新興會員）

額

割

置いて、まとまった額にな
資金にあてること。

もとより、此の方法に不賛成を唱える者は一人も
なかった。こうして、新洞の少年三十餘名は、春植を
會長にいたゞいて、兒童納税新興會をつくった。其
の時、會長の春植は十六歳で、會員の中には七歳八
歳の者もあった。
それからは、鍬や鎌を持ったこともない小さな子
供までが、薪をとりわらしべを作りまゆしを折り、田
畑の手助をするといふやうな日が續いた。其の活

初

動かうりは實にめざましかった。
かうして會を設けてから三年の間最初に申合
わせた積金を怠る者は一人もなく貯蓄は次第に
ふえて三年目には五十圓餘りにもなった。
其の年の四月戸税の納期がせまった時のこと
である父兄は相變らず金の工面に困って洞内には
重苦しい空氣がみなぎった。此の有樣を見て春植
は一同には諮ったが積立金の中から税金の補ひに一人に五十錢か
づつ洞は期限内にりは完納することができ

例

（第十圖所属図）

（第十二圖所属図）

た面事務所の人たちは此の洞はしまって以來の
成績に驚いた。
面の人達にもまして驚いたのは父兄達であった。
彼等は、これ迄自分等が國民の大切な納税義務を
怠りがちであったのを恥ぢたそらしてこれからし
後は子供達の力を借りずに全洞こぞって完納し
ようと申合わせた。
眠ってゐた獅子が振るひ立ったやうに洞の人々は一
せて近、朝早くから夜おそく、雨の日も風の日も田畑に出て働いた。勤勞

僧

の美風が全洞にみなぎ
つたのである。

かせ、に追うて、貧を
をつた。洞民は乏しく實行した
合はせ、一新洞は
納税模範紀元節の
翌年朝鮮財務協會長は時

計一個を與へて、春植の善行を賞した。

　第三十二　朝鮮の政治

十月一日は朝鮮の施政記念日であります。毎年此
の日には、官衙・學校をはじめ、戸毎に國旗を揭げ、
始政の日を長く記念し、我が國運のいよいよ
隆昌に至るやうに祈ります。

顧みると、朝鮮は、久しい間支那に壓迫され、ロシヤ
におびやかされて、常に東洋禍亂の源であります
に其の上、内政が亂れて、課税や裁判が公平でなく、
不良の者が各地を横行するので、人々は一日も安

勤

心にして業を勵むことが出來ませんでした。それで
民心は次第にすさんで國力は衰えるばかりでした。

我が國は朝鮮の更生と東洋平和の爲に明治四十
三年之を併合して、に新政をしくことになりま
した。

總督組織

新政の組織は中央に朝鮮總督を置いてすべての
政務を統べ、地方十三道に道知事各郡島に郡守
島司を置いて管内の行政事務をとらせ文府郡面・區に
府邑面民を置き府邑會面協議會を設けて區

域内の行政事務を處理させています。

業

歴代の總督は一視同仁の大御心を奉じて心を
統治に用い力を朝鮮の開發に注いだので制度
文物の進歩は實に著しいものがあります治水治
山の事業は開け鐵道は延び道路は四方に通じて全く面目
を一新したのであります。

農工商業は次第に成功し荒地は美田となり航路は
近時は教育教化が普及し施政の方針がよく民間に
徹底して勤勞好愛の美風は上下にみなぎり老面に

男女こぞつて一家の更生と部落の振興につとめてゐるのであります。

將來朝鮮の文化の向上と、産業貿易の發展は一層めざましいと思ひますから、し益々我が帝國の進運に貢獻することでしょう。

終

昭和十二年十月二十五日印刷
昭和十二年十月三十一日翻刻發行

簡易國語四 ⑤
定價金十六錢

著作權所有

著作兼發行者　朝鮮總督府

印刷者　京城府大島町三十八番地　朝鮮書籍印刷株式會社　代表者　井上主計

發行所　京城府大島町三十八番地　朝鮮書籍印刷株式會社

간이학교 국어독본

번역

簡易學校 國語讀本 朝鮮總督府 卷一

簡易學校 國語讀本 朝鮮總督府 卷二

簡易學校 國語讀本 朝鮮總督府 卷三

簡易學校 國語讀本 朝鮮總督府 卷四

간이학교 국어독본
권1

7

괭이

8

벼
콩
독

9

소금
되
가마니

10

짚
새끼
호미

11

절구
절굿공이
멍석

12

소
뿔
코
다리

13

어미소와
송아지
어미개와
강아지

14

논이

있습니다.
밭이
있습니다.
논과 밭이
있습니다.

15

나무가
있습니다.
굵다
가늘다
굵은 줄기에
가는 가지.

16

돼지가
있습니다.
새끼돼지가
있습니다.
크다
작다

17

돼지우리에

큰
어미돼지와
작은
새끼돼지가
있습니다.

18

마당에
닭어리가
있습니다.
닭어리에
병아리가
있습니다.

19

빨강
하양
빨간 볏
하얀 날개
닭이 먹이를
찾고 있습니다.

20

내 책

책상 위
내 책이
책상 위에
있습니다.
국어독본입니다.

21

제비
집은
처마 밑.
진흙을
물고
금방 돌아오네.

22

닭장 안에
둥지상자가
있습니다.
둥지상자에 볏짚이
깔려 있습니다.
알은 없습니다.

23

닭장 밖에

수탉이
있습니다.
암탉도
있습니다.
병아리는
없습니다.

24

___

날이
밝았습니다.
하늘은 맑고
기분이 좋습니다.
방을 나와
밭으로
갑시다.

25

___

초저녁이
되었습니다.
못자리를
둘러봅니다.
곧 달이
나오겠죠.

26

___

누에를

키웠습니다.
잠종(누에씨)
누에 쓸어옮기기
뽕잎은
노상(뽕나무의 한 종류)입니다.

27

뽕잎따기
저기에도
여기에도
뽕잎을
따는 사람이
있습니다.

28–29

가타카나 50음도

30

다리	벼	참외	집	얼굴
우산	쟁기	밤	연기	팽이
풀	돌	참새	매미	된장
담배	쓰레받기	지팡이	손	시계
가지	마늘	수건	고양이	들판

31

비둘기	종달새	삼태기	병정	별
말	종이	벌레	거북이	복숭아
화살		활		양복
호랑이	다람쥐	학	제비꽃	초
마당				

32

"김씨, 보리의 깜부기를(보리의 잎이 검게 변하는 병에 걸린 이삭)
뽑으러 갑시다."
"네, 도시락을 먹고 나서
갈게요"
"바구니를 준비할까요?"
"아니요, 필요없습니다."

33

조리를 벗고, 맨발이
되었습니다.
바지는 무릎까지, 팔은
팔꿈치까지 걷습니다.
바람이 없어서 깜부기 뽑기에는
좋은 날입니다.

34

"그것은 무엇입니까?"

"이것은 연필입니다."
"저것은 무엇입니까?"
"저것은 펜입니다."

"여기까지 콩콩 뛰어서
올 수 있습니까?"

35

"거기까지라면
갈 수 있습니다."
"저기
미루나무 아래까지는?"
"저기까지라도
갈 수 있지요."

36

우리나라의
국기는
흰 바탕에
태양을 본뜬 동그라미입니다.

37

나는
일본의

국민입니다.

38

"누에의 머리는
어디입니까?"
"여기겠죠."
"아닙니다. 여기입니다."
몸의 마디
신기한 다리
몇 개 있는 걸까요?

39

한 밤 두 밤
세 밤 네 밤
잠들 때마다
커져서
이젠 상족(막잠을 자고 나서 고치를 지을 때가 된 누에를 섶이나 발에 올리는 일)
할 때입니다.
개량 섶을
만듭시다.

40

최씨가
나무 아래에서

써레질을
보고 있습니다.
내일은
학교의
써레질하는 날입니다.

41

딸랑 딸랑
딸랑
소의 목에
건 방울.
소가 걸으면
방울이
울린다.

42

만들어진 누에고치를 섶에서 걷는다.
누에고치를 선별한다.
더러워지지 않도록
누에고치를 골라냅니다.
더럽히지 않도록
누에고치를 선별합니다.
깨끗한 누에고치가 산처럼 쌓였습니다.

43

양지와 음지.

양지에
말린
누에시렁.
하나 둘 셋 넷 다섯
여섯 일곱 여덟 아홉 열
열 개 있습니다.

44

가타카나 탁음과 반탁음

45

작은 칼	파	군함	수염	돗자리
방석	숟가락	벼루	밥상	걸레
무			전신주	우물
주판	병	포도	냄비	쟁반
빵	핀	램프	펜촉	민들레

46

"오른쪽으로 가시면
면사무소가 있습니다."
"왼쪽에 보이는 것이
주재소입니다."
갈림길
이정표

47

동쪽을 바라보고
오른쪽은 남쪽
왼쪽은 북쪽
뒤쪽은 서쪽
남쪽을 향한
보리밭.

48

이 소나무를
보세요.
모든 가지에
송충이가
달라붙어서
대부분 잎이
없습니다.

49

송충이는
싫은 벌레입니다.
해로운 벌레입니다.
송충이는
소나무를 말라죽게하는
해충입니다.
잡지 않으면 안 됩니다.

우리들은 지금
선생님과 함께
모내기를 하고
있습니다.
나는 지게로
모를
나릅니다.

못줄
정조식 모내기
조식 모내기
모두 모여
활기찹니다.
날씨도, 물도,
아주 좋습니다.

"지금부터 무엇을 하실
생각입니까?"
"산술 복습을 할 예정입니다."
"그러고 나서는요?"
"그러고 나서
짚신을 삼을 생각입니다."

"어디로 가십니까?"
"집으로 돌아갑니다."
"댁까지는 어느 정도의
시간에 가실 수 있습니까?"
"12, 3분은 걸리겠죠."
"그렇게 멀지는 않네요."

번쩍번쩍 번갯불이
번쩍입니다.
우르르쾅
천둥이 칩니다.
비가 후두둑후두둑
내리기 시작했습니다.
소나기입니다.

비가 그쳤습니다.
해가 내리쬐기 시작했습니다.
시냇물의 물은
힘차게
흘러갑니다.
논을 살펴보러
갑시다.

56

오늘은 아침부터
보리타작입니다.
도리깨질 소리가 들립니다.
까끄라기가 날립니다.
모두
열심히 일을 합니다.

57

선생님과
구장님이
마을을 둘러보러
오셨습니다.
"모내기는 끝났습니까?"
"예, 덕분에
끝났습니다."

58

풀뽑기
풀 한 포기, 풀 두 포기
더위에 지치지 않고 논의
풀뽑기를 합니다.
소중한 벼가, 풀에게 지지 않도록
제대로 뿌리를 내리고 자랄 수 있도록

풀뽑기를 해 주는 것입니다.
벼 한포기에 2, 3, 4개씩 심은 것이
8, 9개로 늘어났습니다.
거름이 잘 들어서, 푸릇푸릇하게
자라났습니다.
벼는 기쁘다는 듯이
살랑살랑
살랑이고 있습니다.

지게
내 동생은 올해 7살입니다.
작은 지게를 가지고 있습니다.
모두가 귀여운 지게라고 말합니다.
제가 만들어 준 것입니다.

동생은
그 지게를
짊어지고
매일 산에
따라옵니다.

호박꽃
호박꽃이 피었습니다.
한 송이, 두 송이, 세 송이
네 송이, 다섯 송이, 여섯 송이
일곱 송이, 여덟 송이, 아홉 송이
열 송이
모두 열 송이 피었습니다.

그 중 여덟 송이가 수꽃입니다.
노란 꽃잎 다섯장이 하나가 되어
끝만 갈라져 있습니다.

암꽃은 꽃의 몸통이 부풀어 있습니다.
정씨가
"호박의 병아리네요."
라고 말해 선생님이 웃으셨습니다.
날씨가 좋아서 꽃 위에
벌이 날고 있습니다.

가로수

멋진 도로입니다.
훌륭한 가로수입니다.
아버지가 저만했을 때
심으신 거라고 합니다.

66

개구리
개구리가 소 같이
커지고 싶다고 생각했습니다.
열심히 숨을
들이마셨습니다.
점점 부풀어 올라 마치

67

풍선처럼 둥글어졌습니다.
개구리의 배는 마침내
터져버리고 말았습니다.

68

아침이슬 밟고
아침안개 헤치고
해가 뜨기 전에
아침풀을 베자.
지게 한가득 베었다.

지금, 해가 떠오른다.

69

송아지가 울었다.
벌써 해가 저문다.
두 지게, 세 지게,
어서어서 나르자.
퇴비가 산처럼 쌓인다.
저녁노을이 붉다.

70

달
반대편 숲 위에
달이 나왔습니다.
둥글고 둥근
쟁반 같은
달입니다.

71

풀 잎의 이슬이
반짝반짝
빛납니다.
풀 숲에서
벌레가

울고 있습니다.

72

말
가마니를 걷었을 때 선생님이
"자아, 모두 여기에 둥글게 모여 보세요."
라고 말씀하셨습니다.
선생님은

73

"글자를 외우는 것은
중요합니다.
책을 읽는 것도
소중합니다.
그러나 국어로

74

말을 할 수 없어서는
어떠한 도움도 되지못합니다.
그렇기 때문에 열심히 공부합시다.
종이나 연필은 없어도 할 수 있습니다."
라고 알려주셨습니다.

물건 사기
"실례합니다."
"어서오십시오."
"연필을 한 자루 주세요."
"네, 이것은 어떻습니까?
싸고 잘 써집니다."
"얼마입니까?"

"2전입니다."
"그리고 지우개도 주세요."
"네, 이것도 2전입니다."

"연필 한 자루와 지우개
하나 받았습니다. 5전을
받아 주세요."
"네, 1전 잔돈을 드립니다."
"안녕히 계세요."

"매번 감사드립니다."

약식도
선생님이 학교의 약식도를
그리고 계셨습니다.
"약식도는 북을 위쪽으로
그리는 것입니다."
라고 알려 주셨습니다.

79

그러면 지도 아래가
남쪽이 될 것입니다.
선생님이
지도의 오른쪽을 가리키며
"이쪽은

80

동쪽입니까? 서쪽입니까?"
라고 물으셨을 때는
모두가 한동안 생각했습니다.
"이 길의 서쪽 밭은
작년에 무를 심었습니다만,
올해도 마찬가지로

81

무를 심읍시다."

선생님은 그렇게 말씀하시고
약식도에 '무'라고
쓰셨습니다.

돌 줍기
할아버지가 밭 가운데의
돌을 줍고 계십니다.

82

돌이 섞여 있으면
작물이 잘 자랄 수 없다고 합니다.
우리 밭에도

83

돌이 많이 있던 것을
할아버지가 오랫동안
주워서 버리셨다고 합니다.
"강 건너편 논에는
어린애들이 자꾸 돌을
던져서 힘들어."

84

라고 할아버지가 말씀하셨습니다.

씨뿌리기
네리마 무와 미야시게 무의
씨를 뿌렸습니다.
배추 씨도 뿌렸습니다.
우리나라의 무와 배추는

세계에서도 유명하다고 합니다.
따뜻하고 습기가 있으면
씨는 싹을 틔웁니다.
밭을 잘 갈아서
퇴비를 충분히 넣었으니
가을이 오는 것이 기다려집니다.
가뭄이나 엄청난 비가 내리지 않기를

기도하고 있습니다.
체조
우리들이 콩밭의 흙 북돋우기를
하고 있을 때였습니다.
"자, 모두 일어서서 이쪽을 바라보세요."
선생님의 목소리가 들렸습니다.

우리들은 일제히 일어섰습니다.

이씨는 웬일인지 일어나질 않습니다.
"손을 쥐고 가슴에, 가슴에."
체조입니다.

88

이씨는 놀라 일어나
손을 쥐고 가슴에 대었습니다.
나는 호미를 든 채로 있었기 때문에

89

슬그머니 아래로 내려놨습니다.
"가슴을 뒤로 젖히고, 젖히고."
가슴 운동입니다.

90

"오른발을 앞으로 내밀고 내밀고."
"오른쪽 무릎을 굽히고,
몸통을 앞으로 숙이고 숙이고."
등 운동입니다.
우리들은 기분이 좋아져서
또 다시 일을 계속했습니다.

91

우편

비가 내리고 있습니다.
나는 엽서를 두 장 사 왔습니다.
아버지가 경성의 큰아버지에게
편지를 쓰셨습니다.
그것을 우체통에

넣고 나서,
"이 우체통에 넣어 두면 어떻게 될까?"
라고 생각했습니다.
잠시 후에 우편집배원이 왔습니다.
우체통을 열어 엽서를 꺼내었기 때문에

안심했습니다.
이렇게 비가 내리는데
저 엽서를 가지고 경성까지
가는 걸까요?

손가락
엄지
검지 중지
약지 새끼손가락

"사람을 가리키기 때문에 검지고,
가운데 있으니 중지입니다.
작기 때문에 새끼손가락이고,
옛날에 약을 개었기 때문에

95
_____

약지라고 부른다고 합니다."
"엄지는 손가락의 부모입니다.
이 손가락만 새끼손가락 쪽을 바라보고
있지요."
"그러면 새끼손가락을 아기손가락이라고
쓰면 안 될까요?"

96
_____

일기
9월 3일 월요일 흐림
아침에 무, 배추의 흙 북돋우기.
벌레도 많이 잡았다.
올해 키우기 시작한 학교의 닭이
알을 낳아서 선생님은
매우 기뻐하셨다. 학생들은

97
_____

야단법석 난리가 났다.
9월 4일 화요일 맑음

논의 물을 댔다.
학교에서 돌아오다 산에 가서
누에 채반을 만들 싸리를 꺾어왔다.
내년에는 우리집도 봄누에를 5그램
살 계획이다.

98

일본
대일본.
천황폐하가
다스리시는
오래도록
고귀한
빛나는 나라.

99

국민
대국민.
마음을 모아
일에 전념하고
강하게
바르게
번성할 국민.

100

순사

순사는 우리들의 마을을
일주일에 한번은 둘러보러 오십니다.
어제 오후, 새 우물을 파고 있을 때
"좋은 물이 나올 겁니다."

101

라고 말하면서 가까이 오셨습니다.
박씨가
"안녕하세요."
라고 인사를 해서 모두가
"안녕하세요."라고 말해버렸습니다.
순사는

102

"벌써 오후이니 오후 인사를 해야죠."
라고 말해서 모두 "곤니치와."라고 고쳐 말해
얼굴이 빨개졌습니다.
순사는 싱글벙글 웃으며
"요즘 이 마을에 오면

103

국어로 인사를 해주니 얼마나 기쁜지."
라고 선생님에게 말씀하고 계셨습니다.

돼지
돼지가 열두 마리 모여 강을 건넜습니다.

104

가장 큰 돼지가
수를 세어 보았습니다.
몇 번을 세어도
열한 마리밖에 없습니다.

105

이번에는 다른 돼지가
대신 수를 세었습니다. 역시 열한 마리밖에 없습니다.
모두 한 마리 부족하다고 생각하고 난리가 났습니다.

우리들은 건강해
가늘어도 이 손은

106

호미를 쥘 힘이 있습니다.
약해도 이 다리는
하루에 몇 번이고 먼 밭을
오갑니다.
이 손 이 다리가 있는 한
할 수 없는 일은 없습니다.

107

"너희들의 몸은
천황폐하의 것,
부모의 것,
형제의 것, 그리고 자신의 것입니다."
라고 선생님이 항상 말씀하시던 것을

108

깨닫게 되었습니다.
올해도 콩은 잘 익고,
벼는 깊게 고개를 숙였습니다.
하늘은 높고 맑으며,
매일 맑은 날씨입니다.
우리들은 항상 건강합니다.

109

양치기
어느 바닷마을에 양치기가 있었습니다.
어느 날, 양을 데리고
언덕에 올랐습니다.
바다는 잔잔하고, 하늘은 맑습니다.

110

배가 짐을 싣고 먼 바다로 빠져나갑니다.

양치기는 자신도 바다에
나가보고 싶다고 생각했습니다.

111

더 이상 양을 키우는 것이
싫증났습니다.
양은 날이 갈수록 마르고
숫자도 줄어 갔습니다.

112

드디어 양치기는 양에 대해서도 잊어버리고
그저 혼자 배를 타고 먼바다로 나갔습니다.
그러자 금세 거센 바람이 불어
바다는 거칠어지고
배를 다시 원래 장소로 되돌려놓고 말았습니다.

113

양치기는 양을 놓고 가버려서라고
생각했습니다. 그래서 이번에는 양과 함께
배를 타고 나갔습니다.
바다 위에서 해가 저물고

114

밤이 새고, 몇 날이 지났을 때,

멀리서 하나의 섬을 발견했습니다.
가까이 가서 보니 아름다운 초록섬입니다.
양치기는 기뻐하며 육지에 올라
양을 풀었습니다.

115

양은 날이 갈수록 통통해지고 수도 늘어갔습니다.
어느 날 양치기는 그 섬의 언덕에 올랐습니다.
하늘은 맑고, 바다는 잔잔하게 파도치고 있습니다.

116

양치기는 바다를 향해
"너는 언제나 어른스러운 얼굴을 하고 있구나.

117

그 때, 그렇게 무서운 얼굴을 하고
날 깨우쳐 준 덕분에
매우 행복해졌어."

118

라고 말했습니다.

끝

```
┌─────────────────────────────────────┐
│                                       │
│          간이학교 국어독본            │
│               권2                     │
│                                       │
└─────────────────────────────────────┘
```

목차 1

목차 2

2

---

1. 아마테라스오미카미
아마테라스오미카미는 천황폐하의 선조이십니다.
오미카미는 사람들에게 벼, 보리 등을
키우게 하고, 누에를 키우게 하셨습니다.
이렇게 태양이 초목을 키우도록 하고
사람들을 사랑하셨습니다.

3

오미카미가 손자인 니니기노미코토를 우리나라에
보내셨을 때
"이 나라는 우리 자손이 주인이 될 땅이다.
가서 다스려라!
황위는 천지와 함께 영원토록

번성해 나갈 것이다.”
라고 명령하시고, 3종의 신기를 하사하셨습니다.
이 말씀으로

4

우리 나라의 토대가 정해졌습니다.
3종의 신기는 황위의 상징이
되었습니다.
코우다이신궁은 아마테라스오미카미가
모셔져 있는 신사입니다. 조선신궁에도
아마테라스오미카미가 모셔져 있습니다.

2.여치
언덕 아래에서 지게를 내리고 쉬고 있으니

5

바로 옆에서 벌레가 울기 시작했습니다.
무슨 벌레일까요? 울음소리가
땅속에서부터 들려 옵니다.
도라지의 보랏빛 꽃이
예쁩니다. 키가 큰 억새가 한들한들
흔들리고 있습니다.
큰 여치를 발견해서 손을 내밀자

6

휙 하고 날아가버렸습니다.

쫓아가서 다시 한번 더.
역시나 도망가버렸습니다.
여치는 마타리의 가지에 앉았습니다.

7

반대편 산 위에 하얀 구름이 떠 있습니다.
조금도 움직이지 않습니다.
아까 본 여치가 날개를 떨며
그르르륵 그르르륵 울기 시작했습니다.

8

---

3. 하늘의 동굴
아마테라스오미카미의 동생 중에 스사노오노미코토라
불리는 분이 계십니다.
성격이 불같이 태어나셔서 때때로
오미카미를 괴롭게 하였습니다.
오미카미는 매우 걱정하여 하늘의 동굴에 들어가
버리고 말았습니다.
이런 큰일났네요. 주변이

9

깜깜해지고 여러 가지 나쁜 일이 일어났습니다.
신들은 어떻게 해서든 오미카미를
동굴에서 나오시게 하려고 생각했습니다.

여러 가지로 상의한 끝에 음악을 연주하여
오미카미의 마음을 위로하려
드리기로 하였습니다.
신들은 동굴 앞에 비쭈기나무를

10

세우고, 거울과 방울을 걸었습니다.
그리고 닭을 울게 하고, 하야시(囃子: 박자를 맞추며 흥을 돋우기 위한 음악)에 맞춰
춤을 추었습니다.
정말 재밌어 보였는지 오미카미가 살짝 엿보자
힘이 센 신들이 앞서 나가
동굴문을 열었습니다.

11

빛이 쫙 비추어 다시 원래대로 밝아졌습니다.
신들의 얼굴에는 기쁨이 넘쳐흘렀습니다.

12

4. 이무기 퇴치

스사노오노미코토가 어느 강 상류를
걷고 있을 때의 일이었습니다.
할아버지와 할머니가 딸 하나를 가운데 두고
울고 있는 것을 보게 되었습니다.
"왜 울고 있느냐?"

라고 묻자 할아버지가

13

"저희에게는 원래 딸들이 여덟명 있었습니다.
그런데 머리와 꼬리가 8개 달린 이무기에게
잡아먹히고 이제 이 아이 한 명만

14

남게 되었습니다. 머지않아 또 그 이무기가
잡아먹으러 옵니다."
라고 대답을 했습니다.
스사노오노미코토는 이를 불쌍히 여겨
"좋다. 그 이무기를 퇴치해 줄 터이다. 센 술을
많이 빚거라."
라고 명령을 내리셨습니다.

15

할아버지와 할머니는 매우 기뻐하며
술을 빚었습니다. 미코토는 그것을
8개의 술독에 넣게 하고
이무기가 오는 것을 기다리고 계셨습니다.
잠시 후 이무기가 바람을 일으키며 나타났습니다.
눈이 꽈리처럼 붉고,
입은 불을 뿜어내는 것 같습니다.

16

이무기는 술을 발견하고는 여덟 개의 머리를 여덟 개의
술독에 넣고 마셔댔습니다. 그리고 술에 취해 쓰러지고 말았습니다.
미코토는 이무기를 갈기갈기 찢었습니다.
그 때 하나의 꼬리로부터 한 자루의 날선 검이 나왔습니다.

17

"이것은 보기 드문 검이다. 내가 가져서는 안 될 것 같다."라고
생각하시고 아마테라스오미카미에게 바쳤습니다.

5. 첫 수확
드디어 추수의 날이 왔습니다.
우리는 선생님을 따라 논으로 나갔습니다.
벼는 이삭을 맺어 훌륭하게 자라 있습니다.

18

논에 들어가신 선생님이 큰 이삭을 뽑으시고
"아마테라스오미카미의 덕분입니다."
라고 말씀하셨습니다.
그리고 "천황폐하의 덕분입니다."
라고 말씀하시고 또 한 포기를 뽑으셨습니다.

19

선생님은 우리 쪽을 바라보시며

"벼가 이렇게 잘 열매맺은 것은 우리의 힘과
노력이 있었기에 가능했습니다. 봄부터 기울인 우리의
피땀도 기념합시다."라고

20

말씀하시고 세 번째 포기를
뽑으셨습니다. 그리고 우리는 벼를 베기 시작했습니다.

6. 쌀가마 빼앗기
"응차."
"찌리릿."

21

으악하고 소리를 지르며 쌀가마를 노리며
전진합니다.
"영차 영차."
"영차 영차."
빨간 팀과 흰 팀이 쌀가마에 덤벼들어
힘을 다해 서로 끌어당기고 있습니다.
아! 한 명 쓰러졌다. 빨간 팀의 아이입니다.
아! 또 한 명.

22

흰 팀이 쭉쭉 끌어당기며 드디어
쌀가마 하나를 빼앗았습니다.

살펴보니 다른 쌀가마 하나는 빨간 팀이
차지하고 있습니다.
진 빨간 팀의 아이가 달려갑니다.
이긴 흰 팀의 아이도 달려갑니다.
"영차 영차."
"영차 영차."

23

마침내 빨간 팀이 빼앗았습니다.
"만세, 만세."
흰 팀에서도 빨간 팀에서도 만세 소리가
높이 울려 퍼졌습니다.
'명치절 봉축 대운동회'라고 쓰인 푯말 아래에서
마을 사람들이 일제히 하하 웃으며 보고 있습니다.

24

사탕	오징어	토끼	새우	도끼
허수아비	여우	빗	검	달력
장대	사슴	마른오징어	비누	하늘
문어	토지	뿔	인두	닭장
배	짐	상수리나무	종	들길

25

파리	일장기	피리	담	돛
곰	밀감	주먹밥	명태	거미

지붕   꿈   쑥
까마귀   바늘   술독   경례   노
고리

26

---

7. 이삭줍기

이삭줍기에
가자 가자.
떨어져 있는 이삭은
어느 이삭도 모두
고생해서
키운 이삭.

27

이삭을 주웠다.
밑동에서 논두렁에서.
떨어져 있는 이삭은
어느 이삭이든 모두
하느님 덕분에
열매 맺은 이삭.

모두 주워서

28

주워 돌아가자.

떨어져 있는 이삭은
어느 이삭이든 모두
한 알 한 알 모여
만들어진 훌륭한 이삭.

8. 움막
아버지가 움막 짓는 것을 도왔습니다.
오후 3시 경에는

5, 6명은 들어갈 수 있을 정도의 구멍이 만들어졌습니다.
아버지가 구멍 위에 나무를 덧대었습니다.
제가 그 위에 명석을 덮자 남동생이
"형, 무엇을 만들고 있어?"라고 묻기에
"네 집을 만들고 있는 거다."

라고 말하며 놀렸습니다.
명석 위에 흙을 쌓고, 구멍 안에는 짚을
깔았습니다. 남동생은 짚을 옮겼습니다.
정말로 자신의 집을 짓고 있는 거라고 생각했는지
"오늘 밤에는 형이랑 잘 거야."라고 말했습니다.
"너 혼자 자는 거야."

"들고양이가 오지 않을까?"

"올지도 모르지."
남동생이 무서워 하자 아버지가
"형이 장난치는 거야."
라고 말씀하셔서 모두 함께 웃었습니다.
저는 놀리지 말았어야 했다고 생각하며

"감자랑 무의 집이야."라고 알려주었습니다.

9. 봉길과 을성
봉길과 을성은 바로 옆집에 살고 있었습니다.
어느 해 두 사람은 서로 도와 벼를 추수했습니다.
그 해는 수확이 별로 좋지 않았습니다.
봉길은

"을성이네 집은 저만큼의 쌀로는 추운 겨울을
지낼 수 없을 텐데."
라고 생각했습니다.
봉길은 해가 어둑어둑해지자 바로 슬그머니
집을 나가 자신의 볏단을 다섯 단 을성의 논에
옮겨두었습니다.
을성도 그날 밤
"봉길이네 집은 저만큼의 쌀로는

이 추운 겨울을 지낼 수 없을 거야."
라고 생각했습니다.
을성은 밤이 깊어지자 슬그머니 집을 나와 자신의
볏단을 다섯 단 봉길의 논에 옮겨주었습니다.
다음날 아침 두 사람은 논에 나가보았습니다.

자신의 볏단을 세어 보았더니 숫자가
전혀 줄지 않았습니다.
이상하게 생각하며 집에 되돌아갔습니다.
"밤이 되면 다시 한번 옮겨야겠군."

이라고 두 사람은 같은 생각을 했습니다.
봉길은 밤이 되는 것을 기다려 자신의 볏단을
짊어지고 을성의 논으로 향했습니다. 그 무렵
을성도 볏단을 짊어지고 봉길의 논으로
향하고 있었습니다.
두 사람은 딱 마주치고 말았습니다.
"아! 봉길이 너였어!"

"아! 을성이 너였어!"

두 사람은 무심코 소리를 질렀습니다.

10. 보리밟기
모처럼 자란 보리여서 밟는 게 불쌍합니다.
"자 빨리 힘차게 밟아주세요.
밟힌 보리는 반드시 더 튼튼히 자랄 겁니다."

38

그렇게 말씀하시는 선생님의 말을 떠올리며
보리를 밟기 시작했다.
더 튼튼히 자라게 하기 위해 밟는 거라고 생각하면서
후딱후딱 밟아간다.
벌써 겨울이다. 올해는 추위가 빨리 올 것 같다.
눈이 내리면 눈 아래 밭이 얼면
얼음 안에서 3월도 4월도 겨울잠.
그렇게

39

봄이 오면 힘차게 쑥쑥 자라간다.
"나도 보리처럼."
그렇게 생각하며 훅훅 밟아간다.

40
---

11. 니노미야긴지로

니노미야긴지로의 집은 할아버지 대에는
부유하게 살았습니다.
아버지 대가 되어서부터 매우 가난하게 되었습니다.
게다가 아버지가 병에 걸려서 그날그날의
먹을 것도 없을 정도였습니다.

41

아버지는 아주 조금 남아 있던 밭을 팔아 약값을 댔습니다.
어머니는 자신은 굶더라도
자식들에게는 배고픈 기억을 주고 싶지 않았습니다.
긴지로는 아버지와 어머니의 마음을 잘 알고 있었습니다.
긴지로는 열심히 짚신을 삼았습니다.
한 켤레, 두 켤레, 세 켤레… 다 만들어진 짚신을

42

팔아 아버지가 좋아하시는 것을 사 드렸습니다.

12. 니노미야긴지로(계속)
아버지는 병이 깊어지셔서 긴지로가 14살 때
결국 돌아가셨습니다.
어머니와 아이 셋이 황폐한 집에 남았습니다.
어머니는 살기 힘들어져 막내 아이를
친척 집에 맡겼습니다. 그 밤부터

43

어머니는 주무시지 못했습니다. 긴지로는 그 마음을

알아차리고
"어머니 제가 열심히 일할테니 어서 남동생을

44

다시 데려와 주세요."
라고 말했습니다.
어머니는 얼마나 기쁘셨을까요?
바로 친척 집에 가서 맡긴 아이를 찾아왔습니다.
그리고 어머니와 아이 셋이 모여 서로 기쁨을 나누었습니다.
긴지로는 그때부터 더욱 열심히 일했습니다.

절벽	은화	짐수레	나막신	바둑판
바구니	화재	지도	바람	코끼리
한란계			전화	동전
가방	버선	순무	벽	단추
자동차	찻주전자	돈지갑	돗자리	우엉

13. 우라시마타로
옛날에 우라시마타로라는 어부가 있었습니다.
어느 날 바닷가를 지날 때 아이들 여러명이
거북이를 잡아 장난치고 있었습니다.
우라시마는 거북이가 불쌍하다고 생각해 아이들로부터

그 거북이를 사서 바다에 풀어주었습니다.

47

그로부터 2, 3일이 지나 우라시마가 배를 타고
낚시를 하고 있는데 큰 거북이가 나타나서
"우라시마씨 지난번에는 감사했습니다. 그 보답으로

48

용궁에 모시고 가겠습니다. 제 등에 타세요."
라고 말했습니다. 우라시마가 기뻐하며
거북이 등에 올라타니 거북이는 점점 바닷속으로
들어가서 이윽고 용궁에 도착했습니다.
용궁의 선녀는 우라시마가 온 것을 기뻐하며
매일 여러 가지

49

맛있는 것을 대접하고, 여러 가지 놀이를
같이 하거나 했습니다.
우라시마는 너무 재미있어서 집에 돌아가는 것도
잊고 있었습니다만 시간이 지남에 따라 돌아가고 싶어져서
선녀에게
"여러가지로 신세를 많이 졌습니다.
너무 오래 있었으니 이제 돌아가도록 하겠습니다."

50

라고 말했습니다. 선녀는
"그것은 정말로 서운한 말씀이네요.
그러면 이 보물상자를 드리겠습니다.
어떠한 일이 있어도 뚜껑을 열어서는
안 됩니다."

51

라고 말하고 예쁜 상자를 건네주었습니다.
우라시마는 보물상자를 받아 또다시
거북이 등에 타고 바다 위로 올라왔습니다.
집에 도착한 우라시마는 깜짝 놀랐습니다.

52

아버지도 어머니도 돌아가시고 집도 없습니다.
마을의 모습도 싹 바뀌어 있습니다.
아는 사람은 한 사람도 없습니다.
슬프고 슬퍼서 참을 수가 없어서 선녀가
말한 것도 잊고

53

보물상자를 열었습니다. 상자를 열자 상자 안에서
하얀 연기가 뿌웅 하고 나와 우라시마는 금세
흰머리가 가득한 할아버지가 되고 말았습니다.

14. 동지

"상당히 해가 짧아졌어요."

"추분과 비교해서 두 시간은 짧아진 것 같아요."

"더 짧아질까요?"

"동지까지는 짧아집니다. 동지는 12월 23일 무렵이지만,
그 날은 일 년 중 가장 해가 짧습니다."

"동지 날은 낮의 길이가 어느 정도일까요?"

"9시간 반 정도입니다. 그렇기 때문에

밤의 길이가 14시간 반밖에 되지 않습니다."

"상당히 밤이 기네요. 해가 가장 긴 날은
언제입니까?"

"그것은 하지입니다."

15. 우리 마을

우리 마을은 호수가 43호 있습니다.

북과 서쪽에 낮은 산이 있어서

겨울에 추운 바람이 닿지 않습니다.

마을의 어르신이

"이 마을은 한 시간 먼저 날이 밝고
한 달 먼저 봄이 온다."
라고 자주 말씀하십니다만 정말로 그렇습니다.
면장님이 우리 마을은 세금을 잘 내고
도로도 잘 정돈되어 있다고

57

칭찬해 주셨습니다. 그것보다도
마을 사람들은 "몇 해 전부터 도둑이
든 적이 없다."는 것을 가장 큰 자랑으로
삼고 있습니다.
한 달 정도 전에 선생님이 마을을 돌아보시려고
오셨습니다. 밭이 잘 경작되어 있는 것을 보시고는
"아아, 좋은 마을이네."

58

라고 말씀하셨습니다.
저녁 무렵 선생님이 돌아가시는 것을
마을의 외곽에 있는 고개까지 배웅했습니다.
고개에서는 마을이

59

한눈에 보입니다. 하얀 연기가 집들을
감싸고 저녁노을이 미루나무의 나뭇가지를

붉게 물들이고 있었습니다.
한참 동안 그 경치를 보고 계시던 선생님이
"아아, 좋은 곳이군."
이라고 말씀하시던 것을 기억하고 있습니다.

60

히라가나 50음도

61

바가지	핀	펌프	펜	소총
이발	연필	램프	페인트	산책
한 잔	한 마리	일 분	한 번	한 그루
두 잔	두 마리	이 분	두 번	두 그루
한 발	한 가마니	한 봉	한 페이지	한 발
두 발	두 가마니	두 봉	두 페이지	두 발

62

16. 엽서
매일 추운 날씨가 이어지고 있습니다.
큰아버지 댁은 모두 안녕하시지요?
여기는 아버지도 어머니도 잘 계시니
안심하세요.
정월에는 꼭 오세요. 어머니가 큰아버지가
좋아하시는 것을 많이 준비해 두고 기다리신다고 합니다.
안녕히 계세요.

경기도 수원군 수원읍 남수리 10번지
김동익 귀하

경기도 가평군 외서면 청평리 53
12월 15일 김 문길

17. 공기
공기는 모양도 색도 없기 때문에 눈에는
보이지 않습니다만, 어디에든 있는
물질입니다.
컵 바닥에 종이를 붙이고 이것을 거꾸로 해서
똑바로 물 안에

가라앉혀 보십시오. 그 종이는 절대로 젖지 않습니다.
이것은 컵 안에 공기가 있어
물이 들어가지 않게 하기 때문입니다.
불이 타는 것은 공기가 있기 때문입니다.
램프는 꼭지쇠의 작은 구멍에서
딱 알맞게 공기가 통하도록 만들어져 있습니다.
이 작은 구멍을 막으면 불이

꺼집니다. 온돌의 아궁이를 부채로 부치면
불이 잘 타는 것은 공기가 활발하게 보내지기 때문입니다.
사람은 공기를 마시며 살고 있습니다.
더러워진 공기는 몸에 좋지 않습니다.
사람이 많은 마을의 공기는 더러워져 있습니다.

시골의 깨끗한 공기를 마시고 있는
사람은 행복합니다.

18. 인형
소나무 토막으로 인형을 만들었습니다.
작은 칼이 잘 안 잘려서 눈을
파는 데 힘이 들었습니다.
얼굴을 백묵으로 바르고 있었더니
"옷은 검은색이 좋겠다."

라고 문길이 말합니다. 그게 좋겠다는 생각에
옷은 검은색으로 칠했습니다.
모두가
"잘 만들었네. 정말 잘하네."
라고 칭찬해 주었습니다. 선생님은
"상당히 잘 만들었네. 색을

칠하지 않는 게 나았을 텐데.

나뭇결이 예쁘니까."
라고 알려주셨습니다.
문길이 찰흙으로 소를 만들었습니다.
"이런 소라면 백엔은 하겠다."
라고 말하며 자랑했습니다.
"이거라면 돼지라고 해도 믿겠다."

"다리가 기니 말인가?"
모두가 제멋대로 말을 하자 문길은 정색하고
"뿔이 있는 돼지랑 발굽이 두 개 있는 말은 없다고!"
라고 말했습니다. 선생님이
"이것도 상당히 잘 만들었네."
라고 칭찬해 주셔서 문길은

의기양양하게 모두의 얼굴을 바라보았습니다.

19. 소달구지와 친구
소달구지
덜커덩 덜커덩

딸까닥 딸까닥
산기슭을 돌아 벼를 실은 소달구지가 나타났습니다.
여기서부터 오르막길 1킬로 고개를

한 번에 넘을 생각이겠죠.
소몰이꾼이 채찍을 때리며 소를 몰았습니다.
소의 숨소리가 하얗고 거칩니다.
잠시 후에 소달구지가 보이지 않게 되었습니다.
덜커덩 덜커덩
딸까닥 딸까닥

소달구지 소리가 희미하게 들려옵니다.

정희
정희와 그 여동생이 건너편에서 서둘러 옵니다.
"어디에 가?"
"약을 찾으러 가."
"누가 아파?"
두 사람은 잠시 뒤를 되돌아보며

"어머니가."

라고 말하면서 달려갔습니다.

문길
문길이 돼지의 등을 쓰담쓰담 쓰다듬고 있었습니다.
돼지는 얌전히 있습니다.
"요즘 뭘 먹이고 있어?"
"아직 돼지감자를 먹이고 있어."

75

"그래? 꽤 커졌는데?"
"사러 온 사람이 있었어."
문길은 그렇게 말하고 나서
"팔려고 하니까 너무 불쌍해."
라고 말했습니다.

20. 눈 오는 날
눈이 조용히 내리고 있다.
볏단을 때리는 소리 둥둥둥.

76

"형 몇 발 꼬았습니까?"
"24, 5발 정도 꼬았을걸."
"몇 발 꼬았어?"
"50발."
눈이 그치지 않고 날이 저문다.

눈보라가 치고 밤이 왔다.
다림질 방망이 소리가
동동동.
"언니 어느 정도 만들었어요?"
"윗옷이 곧 완성돼."

"윗 옷이 다 끝난다고?"
"끝낼 거야."
눈보라 속에서 밤이 깊어진다.

21. 올빼미
올빼미는 재미있는 모양새를 한 새입니다.
부푼 몸, 동그란 눈.
얼굴은 고양이 같고 게다가 쥐를 잡아

먹으니 고양이새라고 부르는 곳도 있습니다.
밤이 되면 다른 새는 대부분 눈이 보이지 않는데
이 새는 보이므로 다른 새를 괴롭히거나
잡아 죽여 먹이로 삼거나 하며 소란을 피웁니다.
그러는 중에 날이 밝으면 눈이 보이지 않게 되어
수풀이나 숲속

낮은 나뭇가지에 앉아 멍하게 있을 때가 있습니다.
그러면 다른 새들이 발견하고
"아 미운 놈이 있다."라고 말할 뿐 아니라
가까이 와서 협박하며 괴롭혔습니다.
새는 큰 소리로 욕을 하고 굵은 부리로
쫍니다. 때까치는 작지만 절대 지지 않는 새이기 때문에

높은 곳에서 날아들어와 올빼미의 얼굴을 발로 차며
"끼이 끼이."라고 승리의 함성을 지릅니다.
참새는 약한 새이지만 옆에 와서
춤추거나 재잘거리며 올빼미를 놀립니다.

그래도 올빼미는 어쩔 수 없어서 큰 눈을 부릅뜨고
두리번두리번 하고 있을 뿐입니다.
올빼미의 울음소리는 때에 따라서는
여러 가지로 들립니다.
올빼미가 울면 그 다음 날은 날씨가 좋기 때문에
'풀 먹여 빨래하기 좋은 날.'이라고 운다고 하는 곳도 있습니다.

22. 새끼꼬기

새끼를 꼬고 있는 정길의 손은 매우 피곤해 보입니다.
정길의 아버지와 어머니는 열심히 가마니를 짜고 있습니다.
"네가 새끼를 꼬아주니 가마니 짜기가 수월하구나."
라고 엄마가 정길에게 말했습니다.

84

정길은 힘을 내서 새끼를 다시 꼬기 시작했습니다.
"작년에는 이백 장을 짰는데 올해는 삼백 장을 짤 생각이다."
라고 아버지가 말했습니다.
"삼백 장."
정길은 놀라서 소리를 질렀습니다.
"왜 놀라는 거야. 다 짤거야.

85

너도 도와주고 있으니"
아버지는 가마니 짜는 손을 쉬지 않고 또 말을 이어가며
"밭농사만이라면 한 해에 칠팔십일만 일하면 돼. 나머지
이백칠팔십일을 놀며 사는 것은 너무 아까워.
비가 오는 날이나 겨울 동안에 오히려 바쁘게 지내지 않으면

86

삶은 나아지지 않아."
라고 말했습니다.
싸아악 척척척

싸아악 척척척
가마니 짜는 소리가 바쁘게 들립니다.
정길은 열심히 새끼를 계속 꼬았습니다.

23. 진무천황

진무천황은 우리나라의 제1대 천황이십니다.
천황이 야마토의 나쁜 사람을 정벌하실 때는
매우 고생하셨습니다.
나아가시는 길은 산이 험하고 계곡이 깊고,
길조차 없습니다.

천황은 병사를 격려하고 길을 열며 나아갔습니다.
신들은 천황을 지키며 병사는 용맹하게 싸웠습니다.
어떤 때는 험준한 산에서 헤매고 있으니
신기한 새가 나타나 길 안내를 해 주었습니다.
또한 어떤 때는 나쁜 자들이

심하게 반항을 했습니다.
그 때 하늘이 갑자기 어두워지고 우박이
내리기 시작하는가 했더니 어디에선가
금빛의 소리개가

날라 와서 천황의 활 끝에 멈추었습니다. 그 소리개에서
나오는 빛은 마치 번개와 같았습니다. 나쁜 자들은
눈이 어두워져 싸울 수 없게 되었습니다.
천황의 군대는 크게 승리할 수 있었습니다.
이렇게 나쁜 자들을 물리치고 평온해지자

즉위식을 올리게 되었습니다.
2월 11일이 딱 그날이어서 기원절로 삼고 축하합니다.
이 해가 기원원년으로 지금으로부터 이천육백년 정도 전에 해당합니다.

24. 기차 소리
어느 흐린 날의 일입니다.

쾅쾅 하고 천둥과 같은 소리가 들려왔습니다.
선생님이
"기차 소리가 잘 들리네요. 오늘은 기차 얘기를 해 봅시다."
라고 말하고 여러 가지 이야기를 해 주셨습니다.
나는 레일, 기관차, 객차, 화물차에 대해 알게 되었습니다.
또한 멀리 가는

우편물은 기차에 싣고 가는 것이나 아침에

부산을 출발하면 그날 중에 신의주에 도착하는 것을 알았습니다.
김씨가
"선생님, 기차는 산이나 강을 어떻게 넘는 것인가요?"
라고 물었습니다. 모두가 제대로 된 질문이라고

생각하는 것 같았습니다. 선생님이
"강에는 철교를 세우고, 산에는 터널을 만듭니다."
라고 말씀하시고 그림을 걸고 설명해 주셨습니다.

"선생님, 기차 소리가 들리지 않는 날도 있는데
쉬는 날도 있는 걸까요?"
라고 물은 것은
박씨였습니다.

"기차는 쉬거나 늦는 경우가 거의 없습니다.
흐린 날에는 맑은 날보다 소리가
잘 들리는 것입니다."
라고 선생님이 알려 주셨습니다.

25. 콩 고르기
데굴 데굴 데굴 데굴

"어머니 도와드릴까요?"
"도와주려면 이 바구니의 콩을 고르거라."
"네."
"벌레먹은 것이 없고 둥근 것을 남기는 거란다.
좋은 것 나쁜 것을 잘 골라서 콩을 고르거라."
"네."

데굴 데굴 데굴 데굴
"한 알씩 보니 모두 귀여운 얼굴을 하고 있어요."
"그렇지. 이 한 알의 콩이 가을에는 백 알로
늘어나는 거야."
"신기한 힘을 가지고 있네요."

26. 동생의 소

이시다 군의 동생과 내 동생은 매우 사이가 좋습니다.
매일 소끌기 놀이를 하며 놀고 있습니다.
동생들의 소는 기왓장입니다. 기와에 새끼를 묶은
것을 소라고 하는 것입니다.
새끼의 끝을 잡은 동생이 위엄 있는 목소리로 소를
격려합니다.

이시다군의 동생은 채찍으로 기왓장을 때립니다.
그리고 질질질 끌고 가고 있습니다. 기왓장이 돌에 걸리면
"약한 소네."
어느새 국어를 배운 동생이 그렇게 말했습니다.
저녁무렵에는 아카시아 나무에 소를 묶고

"오늘 밤은 추울 테니."
라고 말하고 건초를 살며시 덮어줍니다. 그리고
"안녕."
"내일 또 봐."
라고 말하고 헤어집니다.

27. 쑥
"쑥이 나 있어요."
"뭐라고? 쑥이?"
이시다군의 목소리를 듣고 이군이 달려갔습니다.
두 사람은 쑥을 뜯어 신기하게 보고 있습니다.
"남쪽을 향했어. 이 둑에, 봄이 왔습니다. 바로 코 앞에."

이시다군은 노래하듯이 그렇게 말하며

삑삑 휘파람을 불었습니다.
태양 빛이 두 사람에게 가득 쏟아지고 있습니다.
"오늘은 따뜻하다."
"응. 이시다군, 달리기 하자."
두 사람은 바로 달리기 시작했습니다.
그렇게 소나무 숲을 달리고 있습니다.

28. 일기
3월 9일 금요일 흐림
농기구를 소중히 다루지 않으면 제대로 된 농부가
될 수 없다고 생각해 농기구를 알아보았다.
괭이 셋, 곡괭이 둘, 호미 넷, 낫 둘, 쟁기 하나.
날이 무뎌진 것을 고쳤다.

3월 10일 토요일 맑음

육군기념일. 선생님이 봉천회전의 이야기를 해 주셨다.
우리 군이 강한 이유를 알았다. 나도 군인이 되고 싶다고
생각했다.
오후, 온상을 만들었다. 햇빛이 잘 든다.
고구마와 가지 모종을 키울 생각이다.

29. 밭갈기

나는 이쪽 끝부터, 아버지는 반대편 끝에서부터
밭을 갈기 시작했다.
싹둑 내리꽂는 괭이.
봉곳이 일어나는 흙.
먹고 싶을 만큼 아름다운 흙이다.
"어이! 깊게 파야 한다!"
아버지의 굵은 목소리가 들린다.

108

"알았어요."
라고 말하고 열심히 밭을 뒤집는다.
밭은 새까만 상토로 바뀌어 점점 정돈되어 간다.
아버지가 세 고랑 파는데 나는 한 고랑밖에 못 팠다.
그래도 저녁 무렵까지 10아르를 다 뒤집었다.
아버지의 얼굴이 땀으로 빛나고 있다.

109

차가운 물로 괭이와 손을 씻고 몸을 닦았다.
괭이를 짊어지고 돌아오면서 뒤돌아보니
밭이 웃고 있는 것처럼 보였다.

30. 검은 흙
우리 밭은 정말로 나빴다고 한다. 비가 내리면
단단해지고 날이

개면 바로 말라서 할아버지는
"이런 쓸모없는 밭 같으니라고."라며 한숨을
내쉬면서도 이것을 고쳐보려고 모래를 붓기도 하고
볏짚이나 낙엽을 모아 옮기거나 한 것 같다.
할아버지 덕분에 꽤 좋아졌는데 아버지가 5년 정도

전부터 퇴비를 넣어 완전히 훌륭하게 한 것이다.
"밭은 사람의 마음이 잘 전해지는 것 같다.
사람도 밭의 마음을 잘 알아주지 않으면 안 된다.
밭이 원하는 영양분을 주거나
친절하게 진심을 다하면 그만큼 보답을 해준다."

아버지는 진심으로 그렇게 말하고 계셨다.

31. 석탈해와 아메노히보코
내지와 조선

조선의 남쪽에 살고 있던 사람들은 아주 옛날부터
활발하게 내지와 왕래했습니다. 내지에서도
조선으로 온 사람이 많이 있었습니다.

그것도 그럴 것이 내지와 조선은 바다를

사이에 두고 매우 가깝고, 게다가 바다의
조류도 잔잔하여 작은 배로도 왕래가
가능했던 것입니다.

석탈해

114

신라의 왕인 탈해왕은 내지로부터 와 왕이
되었다고 합니다만, 거기에는 다음과 같은
이야기가 있습니다.
왕의 아버지는 탈해가 알에서 나왔기 때문에
'불길하다. 바다에 버려라!'라고 강하게 명령했습니다.
어머니는 울며불며 그 알을 비단에 싸서
보물과 함께 깨끗한 상자에 넣어서
바다로 흘려보냈습니다.

115

상자는 흘러 흘러 금관국에 도착하였습니다.
이 나라에서는 그대로 버려두었습니다.
상자는 또다시 흘러 흘러 신라에 도착하였습니다.
한 할머니가 그것을 발견해

116

건져서 보니 상자 안에는 구슬 같은 남자아이가 있었습니다.

할머니는 매우 기뻐하며 자신의 아이로 삼아 키웠습니다.
탈해는 점점 자라났습니다.
물고기를 잘 잡아 매일 바다로 나가 일했습니다.
그리고 친절하게 할머니를 돌보았습니다.
어느 날 할머니는 탈해를 불러 여러 가지 탈해에

관한 얘기를 했습니다. 그리고 "앞으로 학문을 배워
훌륭한 사람이 되거라."라고 가르쳤습니다.
그 후 탈해는 열심히 학문에 매진하여
높은 사람이 되었습니다. 국왕은 탈해를 불러
여러 가지 상담을 하셨습니다.
탈해는 62세로 왕위를 이었습니다.
지금의 월성은 그 왕이 살았던 곳이라고 합니다.

아메노히보코
스이닌 천황의 때의 일이었습니다. 내지의
어느 해변에 처음 보는 한 척의 배가
도착했습니다. 천황은 그것을 듣고
신하를 보내서
"어느 나라에서 온 자들인가."
라고 물으셨습니다.

멋진 복장을 한 사람이

앞으로 나와
"나는 신라의 왕자로 아메노히보코라고
하는 자입니다. 천황이 다스리시는
이 나라의 사람이 되고 싶어서

120

왔습니다."
라고 말했습니다. 그리고
많은 보물을 바쳤습니다.
천황은 히보코의 부탁을 들어주셨습니다.
그리고 토지를 하사하도록 명령하셨습니다.
히보코는
"진심으로 감사한 말씀입니다만, 저의 부탁은

121

마음이 닿는 곳에 살게 해 주십사 하는 것입니다."
라고 말했습니다.
천황은 그것을 허락하셨습니다.
히보코는 방방곡곡을 걸어보고 다지마국에
살았습니다.

끝

122

히라가나 요음

간이학교 국어독본
권3

1

제1 4월 3일

벌써 개나리의 봄이 왔다.

4월의 산에 바람이 불고

3일의 깃발을 펄럭펄럭

날리며, 봄의 바람이 분다.

오늘은 진무천황제.

우리 나라 초석을

단단히 하고 내려주신 공로를

2

아로새기는 축일에

기념하기 위해 심은 소나무, 상수리나무.

오늘은 진무천황제.

우리가 심은 이 묘목
뿌리내려 십년, 이십년
산이 초록으로 변할 무렵에는
우리들은 이 마을의 훌륭한 일꾼이 되어 있을 것이다.
오늘은 식수기념일.

3

산 위에서 바라보면
우리 마을의 봄은 지금
집집마다 매단 일장기에
4월의 바람이 분다.
오늘은 식수기념일.

4

제2 1학년
선생님의 부탁으로 2학년이 1학년에게
이름과 대답하는 방법을 가르치게 되었습니다.
저는 김정식을 불러 가르쳤습니다.
"김정식."
"네"
"이름은?"
"김정식입니다."
이런 문답을 몇 번이나 반복했는지 모릅니다.

정식은 우리가 권해서 입학시켰기 때문에
훌륭한 학생으로 만들지 않으면 안 됩니다.
그래서 입을 열고 멍하니 있거나, 자세가
나쁘면 안 된다고 생각해 차렷 자세도
가르쳤습니다.
그 날 오후에 1학년의 점호가 있었습니다.
선생님이 한명 한명 이름을 부르셨습니다.
드디어 정식의 차례가 와서

"김정식."
이라고 불렸을 때는 내가 불린 것처럼
깜짝 놀랐습니다.
"네."
정식의 대답은 똑부러졌습니다. 자세도 훌륭했습니다.
"좋아."
라고 선생님이 말씀하셨습니다.
나는 기뻐서 어쩔 줄 몰랐습니다.

점호가 끝난 후 선생님이
"올해 1학년들은 상당히 훌륭하군."
이라고 칭찬하셨습니다. 모두 기쁜 얼굴로
서로 쳐다보았습니다.

제3 고구마와 감자

고구마가 온상에서 자고 있는데, 바깥 울타리 틈 사이에서
감자가 얼굴을 내밀었습니다. 그리고 다음과 같은
문답을 시작했습니다.

"당신은 얼마나 행복할까요. 따뜻하고

8

고급진 방에서 잘 수 있다니!"

"아닙니다. 아닙니다. 감자군, 이 방에 이렇게 있는 것도
괴롭습니다. 첫째는 밖의 상태를 전혀 알 수 없습니다."

"저는 지금 몸이 몇 개로 잘려, 잘린 곳에
재가 발려 밭에서 뒹굴려지고 있습니다. 하루라도 좋으니
이런 고급 방에서 살아 보고 싶습니다."

"저는 몸은 잘리지 않지만 싹을

9

싹둑 전부 잘라가고 맙니다." 저의 묘목은 덩굴을 늘리며
늘려 나가면

"고구마는 뿌리가 굵기 때문에 덩굴을 길게
자라게 해서는 안 돼."라는 이유로 덩굴뒤집기를 당하는
경우가 있습니다.

10

"저도 꽃을 피워 즐기려고 하면 "감자는 땅 속

줄기가 굵어져. 꽃은 필요 없어."라고 말하고는
싹둑 잘라내는 경우가 있습니다"
"저는 싹을 잘라서 바로 버려집니다. 당신은
부모의 역할을 다하기까지 새끼 감자들과 함께
같은 포기에 있을 수 있지 않습니까?"
라는 말을 들은 감자는 아무 말도 할 수 없었습니다.
그 때 태양이 구름 사이로 얼굴을 내밀었습니다.

11

주변이 따끈따끈 따뜻해져서 두 사람의 불평은
어느새인가 사라져 갔습니다.

제4 뽕나무
양잠은 조선에 적합한 산업입니다.
양잠을 하려면 뽕나무가 필요합니다. 뽕나무는 제방에도
밭둑에도 심어 키울 수 있습니다. 산뽕나무를 쓰거나
얻은 뽕나무로 양잠을 하는 사람이 있어서는 안 됩니다.
뽕나무는 접목을 해서 키웁니다. 좋은 품종의 접목 순을

12

실생의 대목에 붙여 모판에 심습니다. 붙인 것을
본판에 옮기는 것입니다.
접붙이는 방법에는 눈접, 절접, 주머니뿌리접 등이
있습니다만, 뽕나무는 강한 나무이기 때문에 대부분은
붙습니다.
뽕나무를 키우는 방법에는 다테토오시, 다카카리, 츄가리

네가리 등이 있습니다만, 토지에 적합한 방법을
골라야 합니다.
뽕나무의 종류에는 이치헤이, 로소우, 시마노우치 등

13

여러 가지가 있습니다만, 이것도 토지에 적합한 것을
고르지 않으면 안 됩니다.
뽕나무에는 퇴비나 녹비를 칩니다.
자주 '나무에 비료는 필요치 않다'라고 하며 시비를
하지 않는 사람이 있습니다만, 그러면 좋은 뽕나무가
될 수 없습니다.
양잠은 농가의 부업으로 매우 좋은 것입니다만,
누에의 가격은 쌀 때도 비쌀 때도 있습니다.
그때마다 밭의 뽕나무를 뽑기도 하고 심기도 하는
것은 좋지 않습니다.

14

제5 좋은 무
무는 원래 야산에서 자라는 잡초였음이 틀림없습니다.
거기에 사람들이 여러 가지 방법을 써서 훌륭한
작물로 만든 것입니다.

15

무에는 여러 종류가 있고 또한 각각의 적지가 있습니다.

예를 들어 네리마 무는 모양이나 맛이 다른 무와 달라서
다른 토지에서 키워도 본 고장에서 자라는 것만큼
잘 자라지는 못합니다. 그러나 기후와 토질이 본 고장과
별로 다르지 않으면 키우기에 따라서는 본고장의 것처럼
만들 수 있습니다. 이렇듯 작물을 키워 갈 수 있습니다.
농업의 재미있는 점이 여기에 있습니다.
좋은 무를 키우기 위해서는 먼저 무의 성질에 대해

16

아는 것이 중요합니다. 다음으로 그것을 키우는 밭의
토질이나 그 지방의 기후를 조사해서 어느 품종이
적합한가를 생각합니다. 그리고 그 재배법에 익숙해지지
않으면 안 됩니다. 농업은 상당히 어려운 것입니다.
본 고장에서 네리마 무를 재배한다고 해도

17

여러 가지로 노력을 기울이지 않으면 안 됩니다. 방치해두면
원래대로 잡초로 되돌아가 버리고 말 것입니다. 농업을 하는
사람들에게 근면과 노력이 필요한 이유가 여기에도 있습니다.

제6 타지마 모리
스이닌천황 대의 일입니다.
천황은 아메노히보코의 자손인 타지마 모리를 부르시어
"황천에 가서 귤나무 열매를 따 오거라."

라고 명령하셨습니다. 타지마 모리는 황송히 여기며
받아들였습니다.
황천은 멀고 먼 남쪽 나라로, 하늘같이 넓은
바다를 몇 개나 넘어서 가지 않으면 안 됩니다.
타지마 모리는 산과 같은 파도를 나뭇잎 같은 돛단배로

넘고 넘어 용맹하게 배를 저어갔습니다.
타지마 모리가 귤나무 열매를 가지고 돌아온 것은
도읍을 떠난 지 11년이 되는 봄이었습니다.
돌아와 보니 천황은 한해 전 여름에 돌아가신 후였습니다.
타지마 모리는 천황의 능 앞에
제단을 만들어 귤나무 열매를 바쳤습니다. 그리고 공손히
무릎을 꿇고
"지금 귤나무 열매를 가지고 되돌아왔습니다."

라고 말씀드렸습니다.
타지마 모리가 참고 있던 눈물이 한순간에 흘러내려
얼굴과 옷을 적셨습니다. 결국에는 소리를
내며 흐느껴 울었습니다만, 울다 울다 결국 죽고 말았습니다.

제7 콩심기

나는 오늘 콩심기를 했습니다. 한 발 두 발 걸어가서
두 발째 뒤꿈치를 구멍으로 파서 콩을 세 알씩
떨어트리는데 구멍에 잘 들어가지 않습니다.
몇 번이나 구부려 앉아 주워서 다시 넣었습니다.
앞발로 흙을 덮는 것도 잊어버려 몇 번이나 다시
돌아왔는지 모릅니다.
아버지는 익숙하신 모양입니다. 빠르게 심고 앞으로 나가십니다.

22

나는 땀을 흘리면서 한 고랑 심는 사이에 아버지는 다섯 고랑이나
심으셨습니다.
문득 제가 심은 콩이 싹이 날지 걱정이 되었습니다.
콩은 보리의 밑동에 굴러다니게 하거나 흙을 제대로
덮지 않으면 싹이 나지 않을 겁니다. 나는 그런 실수는
하지 않았다고 생각하면서도 안심이 안 되어서
다시 한번 콩 심은 곳을 둘러보았습니다.
저녁 무렵까지 내내 콩심기를 마쳤습니다.

23

텅 빈 바구니를 어깨에 메고 있으니 아버지가
"햇볕이 잘 들면 좋을 텐데."
라고 말씀하시고 하늘을 바라보셨습니다.

제8 일기
5월 25일 월요일 맑음
아침에 묘판의 곤충 잡기.(나방 5마리)

학교에 군농회로부터 고구마 묘목이 300개 옴.
학교에서 만든 묘목이 300개.

24

10개 받아서 돌아옴.

5월 26일 화요일 흐림
곤충을 잡았다.(나방 3마리)
학교의 양계 당번이어서 빨리 감.
닭똥을 모았다.
김정식에게 산술 뺄셈을 가르쳤다.
저녁 무렵 고구마 묘목을 심었다.

5월 27일 수요일 맑음
오늘 아침에도 묘판을 둘러보았는데 곤충은 보이지 않았다.

25

오늘은 해군기념일. 국기를 걸었다.
선생님으로부터 일본해 해전 이야기를 들었다.
마을 사람들도 50명이나 학교에 모였다.

제9 콘크리트
콘크리트는 시멘트와 강 모래와 자갈을
1대 3대 5, 또는 1대 4대 6의 비율로 섞어 거기에
물을 더해 조합한 것이다. 이것을 사용하려면
준비된 틀에 부어넣는데, 젖은 거적을

26

덮어 열흘 정도 두면 바위와 같이 단단해진다.
하루에 두 세 번, 물조리개로 물을 부어주면
빨리 잘 굳는다.
시멘트는 석회암을 작은 돌멩이 정도로 빻아서
점토를 섞어 그것을 가마에서 구워 덩어리로 된 물건을
다시 가루로 만들어 석고 등을 섞은 것이다.
비료통 등은 점토로 만드는 것도 좋지만,
콘크리트로 만들면 더 완벽하다.

오늘날 건축, 토목 등에 콘크리트를 사용하지 않는 것은
거의 없다. 이 사용법에 숙련되면 매우 편리하다.

제10 벌레의 일생
1
햇볕이 따뜻하게 비추면 나뭇잎 그늘에서 밤이슬을
피해 있던 나비가 펄럭펄럭 날아올라 꽃의 꿀을
빨러 나옵니다.
여러분은 저 아름다운 나비는 어떻게 태어나는지
생각해 본 적이 있습니까?

2
여러분은 무밭에서 배추흰나비가 날개를

접고 죽어 있는 것을 본 적이 있나요? 또는
잎 뒤에 낳아놓은 작은 알을 본 적이 있나요?

29

나비는 알을 낳으면 얼마 되지 않아 죽어버립니다.
알은 햇볕에 데워져서 부화합니다. 그리고 하루종일
먹고만 있는 그 보기 싫은 초록 애벌레가 됩니다.
초록 애벌레는 자신이 하는 일을 부끄럽게 생각하는 걸까요?
이윽고 아무것도 먹지 않게 됩니다. 그리고 어느새인가
모양이 변해 번데기가 됩니다.

30

번데기는 아무것도 먹지 않습니다. 또한
조금도 움직이지 않습니다. 추운 겨울도 그대로의 모습으로
지냅니다. 그리고 드디어 봄바람이 불어 꽃이 필
무렵이 되면, 신기하게도 번데기는 아름다운
나비로 변합니다. 그렇게 꽃을 향해 날아갑니다.

3

31

사람을 무는 모기, 병을 옮기는 파리, 아름다운 실을 뱉는 누에,
맛있는 꿀을 만드는 꿀벌 등은 모두 나비처럼 몇 번이나 모양을
바꿉니다. 이런 벌레를 곤충이라고 합니다. 곤충의 종류는 수십만

개가 있어 수를 셀 수도 없습니다.

곤충의 습성이나 형태의 연구는 매우 중요하고 또한

꽤 재미있는 것입니다. 예로부터 그 연구에 평생을 바친 학자가

여러 명 있습니다.

32

제11 면사무소

구읍리에 면내에서 가장 오래됐다고 하는 한 그루의

느티나무가 있습니다. 면사무소는 바로 그 옆에 있습니다.

건물은 상당히 오래되었습니다만 유리문이어서 사무실 등은 밝습니다.

사무실의 정면에는 면장의 책상이 있습니다. 오른쪽과 왼쪽에는

서기들의 책상이 줄지어 있습니다.

벽쪽에 둔 책장과 서류상자에 호적, 위생, 토목, 경비 등이라고 써붙인

33

종이가 눈에 띕니다.

문길의 형은 위생 사무를 보고 있고, 정식의 숙부는 세금을

담당하고 있다고 합니다.

사무실 옆에는 작년에 새롭게 증설한 방이 있는데,

입구에 회의실이라고 쓰여 있습니다.

면협의회를 여는 것은 이 방이라고 합니다.

사무실 주변에 벚꽃이 오륙십 그루 있습니다.

34

이게 일제히 핀 모습은 실로 아름답습니다.

가지를 펼친 미루나무와 사무소 지붕을 빼고
나머지는 모조리 꽃으로 둘러싸이고 맙니다.
십오륙년 전 지금의 면장이 심었다고 합니다.

35

제12 그레고어 멘델

흰색 레그혼 종의 알에서 깨어난 병아리가
드디어 나고야 종과 같은 털색으로 바뀐 것을
본 적이 있나요? 이런 일을 잘 알 수 있도록
알려준 사람이 그레고어 멘델입니다.
멘델은 지금부터 백십여년전에 오스트리아의
한 시골에서 농부의 아이로 태어났습니다.
멘델은 매일 밭에 나가 아버지를 돕고 있었습니다.

36

그리고 종자가 싹을 내고 생장하는 것을
주의 깊게 보고 있던 중에 사람들이 당연하다고
생각하고 있던 것을 신기하게 생각하게 되었습니다.
"보리의 종자에서는 왜 보리가 나오는 걸까요?"
라고 줄곧 생각하곤 했습니다.
멘델은 나중에 수도사가 되었습니다만 동물이나 식물의
연구에 대해서만은 점점 마음을 빼앗기고 말았습니다.

37

멘델은 흰완두콩 꽃의 암수술에 보라색 완두콩꽃의

꽃가루를 묻혀 열매를 맺게 했습니다. 그 종자를
심어 어떤 색의 꽃이 피는지 기다리고 있었습니다.
그러자 어떻게 된 것일까요? 모두 보라색 꽃을
피웠던 것입니다. 멘델은 더 그 종자를 심어서 2대째에도
보라색 꽃만 피우는지 지켜봤습니다.
그러자 신기하게도 이번에는 보라색 세 송이에 흰색 한 송이의

의 비율로 꽃을 피웠습니다.
멘델은 수도원의 정원에 몇 번이고 완두콩을 심어
끈질기게 조사했습니다만 몇 번을 해 봐도 같은 결과였습니다.

그래서 멘델은 2대째 잡종에는 어떤 것이 나타나는지
알아맞힐 수 있게 되었습니다.
멘델은 이 일을 알고 나서 8년간이나 세상에는
발표하지 않고 자세히 연구하고 있었습니다.
멘델은 63세로 죽었습니다만, 그 연구가 세상에서
인정받은 것은 사후 16년이나 지나고 나서였습니다.

제13 호미자루
내 호미 자루는 왜인지 바로 빠져버린다.
빠질 거라 생각하니 일에 힘이 들어가지 않는다.

농기구가 제대로 되어 있지 않으면 얼마나
일 하는데 손해인지 모른다. 나는 어떻게 하면 호미자루가
빠지지 않을지를 한참 동안 생각하고 있었다.
어느 날은 자루를 물에 담가두어 보았다. 그것은
몇 번은 좋았지만 바로 빠져버렸다.

41

또한 어느 날은 쐐기를 박아보았다. 그러나
자루가 깨져버릴 거 같아서 맘처럼 잘 되지 않았다.
역시 나는 불안해서 견딜 수 없다.
어느 날 나는 칼을 보고 있었다. 칼자루와 몸체는
칼자루 못으로 고정되어 있어서 결코 떨어지지 않게
되어 있다. 문득 나는 호미에도 호미 자루못을 박아보고
싶었다.
바로 호미를 살펴보니 몸체가 9cm 자루에 들어가 있는
것을 알았다. 그래서 자루 앞쪽에서

42

3cm 되는 곳에 직경 4mm의 구멍을 뚫었다.
나는 바로 대장간으로 달려가서 호미의 몸통에
구멍을 뚫어달라고 부탁했다. 자루에는 내가
구멍을 뚫고 그 자리에서 준비한 못을 박았다.
드디어 호미가 완성되었다. 나는 그것을 들고
바로 앞에 있는 밭에 나가 호미질을 해 보았다.

43

일부러 괭이처럼 땅을 찍어서 힘을 실어 당겨보았다.
호미는 꿈쩍도 하지 않는다.
이 호미는 크기도 무게도 내게 딱 맞다.
자루도 딱 내 손에 감긴다. 자루만 빠지지 않는다면
잡초 뽑기도 호미질도 그 어느 누구에게도 뒤지지 않는다.
앞으로는 마음껏 일할 수 있다고 생각하니 나는
너무 기쁘다.

제14 위생과 약초

세상에는 디스토마, 회충, 조충 때문에 맘껏
일하지 못하는 사람이 있다. 또한 콜레라, 장티푸스,
적리 등의 전염병 때문에 죽는 사람도 적지 않다.
우리에게 건강은 무엇보다 소중한 것이다.
그래서 건강을 해치는 벌레와 세균을

몸에 가까이 오지 못하게 해야 한다.
먼저, 파리를 쫓지 않으면 안 된다. 파리는 여러 가지
세균을 옮겨 퍼지게 하기 때문이다.
다음으로 너무 많이 먹거나 더러운 물을 마셔서는 안 된다.
때때로 목욕을 하거나 몸을

씻어 청결하게 유지하고, 항상 손과 입 주변을
깨끗하게 하는 것이 중요하다.
청결한 옷을 입고, 청소와 통풍이 잘 되는 방에서 사는 것은
위생상 유익할 뿐만 아니라 마음도 상쾌해진다.
그런데, 만일 병에 걸렸다면 나빠지기 전에 고치는 것이 좋다.
그러기 위해서는 약을 사용하는 것도 하나의 방법이다.
농가에서는 약을 구하기 어렵다. 그래서 약초를

준비해 둘 필요가 있다. 약초 가운데에는 제충국처럼
빈대, 모기를 구제하는 것이 있고, 이질풀, 허브처럼
위장을 안정시키는 것도 있다.
약초는 병을 치료할 뿐만 아니라 이것을 재배해서
농가의 수익을 늘릴 수도 있다.

제15 공동판매

누에를 섶에서 떼는 작업을 하고 누에선별이 끝나면
모두가 안도의 한숨을 쉽니다. 누구라고 할 것 없이
올해는 누에고치의 가격이 쌀 거라는 소문이 돌았습니다.
"싸든 비싸든 훌륭한 누에고치다. 자 팔러 나가볼까."
아버지는 활기가 넘치십니다. 선생님은 마을의
누에고치를 전부 모으셨습니다.
선생님과 아버지, 그리고 청년이 둘. 그리고

49

학생 넷이 누에고치를 네 마리의 소에 싣고 외출했습니다.
누에고치는 더러워지지 않도록 종이나 삼베로 만든 자루에
넣어 두었습니다.
군청이 있는 시내까지는 고개가 3개, 고개와 고개 사이는
긴 논밭길로 편도 12킬로미터나 됩니다. 부피에 비해
가벼워서 고개를 넘어도 소는 목에 달린 방울을
딸랑 딸랑 흔들면서 힘차게 올라갑니다. 도중에 있는
논은 모두 모내기가 끝나 있습니다. 정조식이 훌륭하고

50

서너 자리 건너편의 논까지 모내기가 끝난 모가 늘어서 있습니다.
시내에 도착한 것은 점심 무렵이었습니다. 누에고치는 군농회의
건견장에 옮겨져 공동판매 담당의 손에 넘겨졌습니다.
모두 특등과 1등을 받아서 기뻐 어쩔 줄 모릅니다.
오후 3시 경이 되자 선생님이
"그럼 빨리 돌아가자."
라고 말씀하시고 자리에서 일어나셨습니다.

51

올 때는 시내에 나오는 것이 기뻤는데 일을 끝마치자
모두 빨리 마을로 돌아가고 싶다고 생각했습니다.
선생님과 아버지가 줄을 서시고 앞장섰습니다.
모두 그 뒤를 따랐습니다.
선생님과 아버지의

52

이야기가 바로 뒤에 있는 제게도 잘 들렸습니다.
"선생님 싸다고 생각했는데 그렇지도 않네요."
"매년 싸다고 생각하고 계시면 됩니다."
"전에는 우리 같은 시골 사람들은 견매인이
가격을 후려치면 손해를 볼 수밖에 없었습니다만
공동판매가 시작된 후로는 안심할 수 있습니다."
"정말로 그렇네요."

선생님은 이렇게 말씀하시고
"돈을 잃어버리지 않도록 조심하세요."
라고 말씀하시고 아버지의 어깨를 가볍게
두드리셨습니다.
"큰 돈은 금융조합에 맡기고 왔습니다. 마을에서
돈이 필요할까요?"
아버지는 큰소리로 웃으셨습니다.
청년과 학생들도 모두 서로 잡담을 하거나
웃으면서 걷고 있습니다.

어느새 우리는 세 번째 고개를 넘고 있었습니다.

제16 여름 김치

학교 농원에서 작은 순무와 이십일 무를 수확했습니다.
작은 순무는 아이의 주먹만한 크기이고 이십일 무는
갓난아이의 팔 정도 되었습니다.
"이 마을의 사람들은 여름 김치를 별로 모르는 거 같으니
이것으로 김치를 담가 먹읍시다."

55

선생님은 그렇게 말씀하셨습니다.
정말로 이 마을에서는 여름에 순무나 무를 키우는 사람이 없습니다.
독을 두 개 날라왔습니다. 소금과 고춧가루와 새우젓을
준비했습니다. 여학생은 무와 순무를 작게 잘라 따로따로 독에
담갔습니다.
이틀 정도 지난 후에 선생님은 마을 사람들을 이십명 정도 학교로
초대했습니다. 선생님은

56

순무와 이십일 무의 재배법과 김치 만드는 법을 간단히
소개하시면서
"자, 어서 드세요."
라고 손님들에게 권하셨습니다.
"이것은 신기하네요."
구장님이 말씀하셨습니다.
"매우 부드럽네요."
라고 말하는 소리가 들렸습니다.
모두 맛있다 맛있어 라고 말하면서

드셨습니다. 그리고 종자를 공동구매하는 회의를 했습니다.

제17 무지개
소나기가 멈추고 구름 사이로 햇살이 비추었습니다.
산도 숲도 풀도 생생하게 살아나는 것처럼 보입니다.
나뭇잎에서 이슬이 또르륵 또르륵 떨어집니다.
동쪽 하늘에 커다란 무지개가 나타났습니다.

"아 예쁘다."
여동생이 발견하고 무지개를 가리켰습니다.
언니도 올려다보았습니다. 아름다운 것을 보며
두 사람의 얼굴은 매우 기뻐보입니다.
"산 이쪽이 무지개의 시작이야. "
"산기슭 쪽 숲 위에서 나오고 있어."

두 사람에게는 무지개가 그렇게 멀지 않은 곳에서
나오고 있는 것처럼 보였습니다.
"가 보아요, 언니."
"그래 가보자."
두 사람은 무지개 쪽으로 함께 달려갔습니다.
보리밭을 지나 오솔길이 나오고

숲 가까이에서 두 사람은 멈추었습니다. 꽤 달려서
숨이 찼습니다.
이번에는 무지개가 산 저편에서 나오고 있는 것처럼 보였습니다.
"아직 저렇게 멀어 언니."
라고 동생이 거센 숨을 몰아쉬며 말했습니다.
"조금도 가까워지지 않았어."
라고 언니도 숨을 몰아쉬며 말했습니다.
무지개는 점점 옅어져만 갑니다.

61

제18 편지
1 복숭아를 보내는 글
작은아버지 날씨가 정말 더워졌네요. 모두 별일 없으시죠?
이것은 저희 집 뒷 뜰에서 수확한 복숭아입니다.
나무는 3년 전에 아버지가 내지로부터 묘목을 사 와서
재배한 것으로 올해 처음으로 열매가 맺혔습니다.
익을 때까지는 아버지가 정성을 다 한 것입니다.

오늘 아침 처음으로 따 보았습니다. 아버지가 말씀하셔서
아주 조금이지만 보내드립니다. 아무쪼록 가족분들과 드셔보세요.

2 답변
훌륭한 복숭아를 잔뜩 보내주셔서 정말로 감사드립니다.

진심을 다해 감사를 표합니다.
과실재배에 경험이 많으신 큰아버지의

63

정성이 가득 들어가 알도 크고 맛도 정말 좋아서
이 동네 상점에서는 볼 수도 없는 물건이라고
아버지께서 말씀하셨습니다.
우리도 진심으로 맛있게 먹었습니다.
어머니가 큰아버지와 큰어머니에게 안부 전해달라고 하십니다.

제19 논두렁 길

64

보리가 수확되자
우는 어미 종달새.
종달종달 종달종달
구름 속

부모를 놓쳐서
우는 아기 종달새
종달종달 종달종달
엄마를 찾아 따라간다

65

음메 라고 한 마디

엄마소가 울었다.
느릿느릿
논두렁 위

엄마와 떨어져서
허둥대는 송아지
냉큼냉큼
뒤따라 온다

66

제20 목면공

지금부터 육백년 정도 전에 경상남도의 단성에 문익점이라고
하는 사람이 있었습니다. 30세 무렵 한양에 올라와 관료가
되었습니다.
문익점은 사신이 되어 원나라에 간 적이 있습니다. 그때
원나라 황제의 노여움을 사 운남성에 흘러가게 되었습니다.
익점은 운남에서 밭 한가득 목화가 심어진 것을 보고

"아 이것은 너무 좋은 것이다. 조선에도 이런 것이
있다면 사람들이 얼마나 행복하게 살까."
라고 생각했습니다. 그래서 그 씨를 조금 챙겼습니다.
익점은 죄를 용서받아 조선으로 되돌아 온 후
가지고 온 목화 씨를 화단에 심었습니다.
하지만 처음 키우는 목화여서 어떻게 해야할지 몰랐습니다.
게다가 운남의

작물을 조선에서 재배하는 것이니 모처럼 나온 싹도
차례차례로 말라 가 결국에는 오직 한 그루만 남게 되었습니다.
"이것마저 말라 죽게 할 수는 없어."
익점은 밤낮을 가리지 않고 정성을 쏟아 돌보았습니다.

그 정성이 하늘에 닿았는지 이 묘목만은
쑥쑥 자라 드디어 꽃을 피우고 많은 열매를 맺었습니다.
그렇게 씨를 받을 수 있었습니다.
그 다음 해도 그 다음 해도 익점은 노력과 정성을
거듭하며 목화를 재배했습니다만 점점 키우는 기술이 늘어
3년 째에는 많은 수확을 거두었습니다.
이 살아남은 한 그루의 묘목이 종자가 되어 나중에는

70

조선땅 전국에서 목화를 재배하게 되었습니다.
익점은 또한 씨 빼는 기계와 물레를 발명하여
솜을 털거나 실을 삼거나 하는 기술을 사람들에게 가르쳤습니다.
사람들은 익점을 목면공이라고 부르며 존경했습니다.

제21 흙
모든 물건은 흙에 의해 살아가고 있습니다.
흙은 어떻게 만들어진 것일까요?

71

하나의 지구는 처음에는 매우 온도가 높은 불덩어리였다고 합니다.
그것이 긴 세월 동안 표면이 식어 굳어져 암석이 되었다고 합니다.
흙은 그 암석이 풍화되어 생긴 것입니다. 단단한 암석도
긴 세월 비바람과 추위 더위를 견디면 약해지거나 부서지기도
합니다. 그렇게 흙이 되는 것입니다.
논밭의 상토는 막 풍화한 모래나 점토에

72

동식물이 썩은 것이 섞여 만들어진 양토입니다.
흙은 한순간에 만들어진 것이 아닙니다.
수만년, 수십만년이나 걸려서 만들어진 것입니다. 그 세월동안
얼마나 많은 생물을 키워냈을까요.

73

제22 태양
태양은 지구의 백삼십만배나 되고 영원히 불꽃을
뿜으며 불타고 있는 커다란 불의 공입니다.
태양은 지구로부터 매우 먼 곳에 있어서 한 시간에
이백 킬로의 속도로 나는 비행기로도
팔십칠년 걸려야 닿을 수 있는 거리입니다.
지구는 스스로 돌면서 태양의 주위를 돌고 있습니다.
낮과 밤, 사계절의 변화가

74

그로 인해 생깁니다.
태양의 강하고 강한 빛과 열로 지구상의 생물은 모두 살고
있는 것입니다.

제23 자연의 순환
봄
봄의 태양이 빛나면 얼음은 녹고, 연못, 강, 바다의 물은
찬 기운을 벗습니다. 물은 수증기가 되어 하늘로 날아가고
구름이 되어 떠돌며, 비가 되어 조용히 내려옵니다.
이렇게 다시 연못, 강, 바다로 되돌아가는 것입니다.

땅으로 스며든 빗물도 샘물이 되어 지상으로 솟아오르기도 합니다.
토지는 물을 머금고 부드러워져 태양 빛이나 열을 받아
부풀어 오르면, 땅 속의 양분도 물 안에 녹아 스며듭니다.
밭을 갈아 씨를 뿌릴 무렵이 되었습니다.

하늘에는 따뜻한 태양, 땅 속에는 비옥한 수분.
"봄이 왔다. 봄이 왔다."
라고 살아 있는 모든 것은 그렇게 생각할 것입니다.
뿌리는 조용히 수분을 흡수하고, 가지의 새싹은 태양을 맞아들입니다.
씨는 따뜻한 양지에서 부풀어 오르고 드디어 싹을 틔웁니다.

여름

태양 빛과 열이 강하게 내리쬡니다. 땅 위의 물은 점점
수증기가 되어 하늘로 올라가고

큰 물방울의 비가 내리게 됩니다. 비가 너무 많이 와서
홍수가 되고, 해가 너무 내리쬐어 가뭄이 들기도 합니다.
식물은 맘껏 잎을 펼치고, 태양 빛과 열을 한껏 받은
뿌리는 땅속의 수분을 점점 빨아들여 점점 굵어져 갑니다.
그렇게 꽃을 피우고 열매를 맺어갑니다.

농부는 작물의 생장을 돕기 위해 바빠집니다.

가을

땅 속의 영양분은 대부분 식물의 몸으로 옮겨졌습니다.
태양 빛과 열은 점점 약해져 갑니다.
하늘은 맑고 바람은 시원해집니다.
식물은 훌륭히 생장하여 과실을 만들어냅니다.
이윽고 잎은 떨어지고 줄기는 쓰러져 흙을 비옥하게 합니다.

농부는 논밭의 작물을 수확하여 집으로 옮깁니다.

논밭에는 작물을 충분히 생장시키는 힘이 더 이상
남아있지 않습니다. 이것을 비옥하게 하고
훌륭한 논밭으로 가꾸는 것은 도대체 누구의 일일까요?

겨울
태양의 빛도 열도 완전히 약해져서 차가운

바람이 불게 되었습니다. 연못, 강에는 두꺼운 얼음이 얼고
토지도 얼어버린 곳도 있습니다. 식물은 생장을 멈추고
추위를 견디면서 봄을 기다립니다.
봄이 되면 태양의 빛과 열은 다시 대지를 데우고
물은 움직여 식물은 생장을 시작합니다.
이렇게 자연은 순환하며 변하는 일이 없습니다.

제24 내 공장
우리집 뒤편에 샘이 있고 솟아나온 물이 흐르고 있습니다.
나는 그 물길을 막아서 웅덩이를 만들고 붕어나
미꾸라지를 키웠습니다.
물 웅덩이의 물은 보를 넘어서 흘러나오고 있었습니다.
나는 이 물을 정원으로 끌어보려고 생각했습니다.
오래된 함석을 잘라 물받이를 만들고, 기둥을 받쳐
수로를 만들었습니다. 물은 그 수로를 기분 좋게

흘러 작은 폭포를 이루어 정원으로 떨어집니다.
어느 날 나는 이 폭포에서 물레방아를 돌려보고 싶다고
생각했습니다.
물레방아는 처음에 간단한 것을 만들 생각으로 무를 둥글게 잘라
미루나무의 가지를 꽂았더니 형이
"그렇게 만들어서는 안 되지."
라고 말하며 나무로 만들어 주었습니다.
폭포에 대어 보니 어떻게 되었을까요?
힘차게 잘 돌지 뭡니까.

"아. 돈다, 돌아."
나는 나도 모르게 소리쳤습니다. 형은 물레방아의 심봉에 못으로
귀를 달았습니다. 무얼 하는지 보고 있으니 따로 엄지손가락 정도의
두께의 봉에도 귀를

달아 그것이 절굿공이가 되도록 설치했습니다.
물레방아가 한번 돌아가는 사이에 심봉의 귀와 절굿공이의 귀가
두 번 만납니다. 그 때마다 절굿공이를 위로 올려서는 내려칩니다.
"완벽하게 됐어. 정미도 할 수 있고 제분도 할 수 있을 거 같아."
라고 형이 웃으며 말했습니다.
나는 그 물레방아가 있는 곳을 '내 공장'이라고 부르고 있습니다.

제25 물 거울
산기슭에 아름다운 웅덩이가 있었습니다. 어느 날
산에서 내려 온 한 마리의 토끼가
그 웅덩이를 바라보고 있으니 신기하게도
자신과 같은 토끼가 있습니다.
토끼는 깜짝 놀라서 돌아오다가 도중에
한 마리의 여우를 만났습니다.
"어이! 저기 웅덩이에 나와 똑같이 생긴 토끼가 있어."

86

"그래? 그럼 기다리고 있어봐. 내가 가서
보고 올 테니까."
여우는 서둘러 달려가 그 웅덩이를 바라보았습니다.
그곳에 있는 것은 토끼가 아니고 여우였습니다.
여우는 화가 나서 돌아와
"야! 토끼! 무슨 소리를 하는 거야? 토끼가 아니라 여우잖아."
"아니야. 그럴 리가 없어. 토끼가 있었다니까."
"아니라고 여우가 있었다고."

"아니야. 토끼라고."
두 마리는 계속 다투고 있었습니다. 그곳에 한 마리의
사슴이 와서 이유를 물었습니다.
"그렇다면 내가 보고 올 테니 기다리고 있어."

사슴은 따가닥 따가닥 달려 가서 웅덩이를 바라보자
정말로 예쁜 사슴이 있습니다. 사슴은 서둘러 돌아와서
"그곳에는 토끼도 여우도 없어. 예쁜 사슴이 있었어."

88

"뭐라고? 그게 아닐 텐데. 토끼가 있었다고."
"그게 아니라고. 여우야."
"아니야. 사슴이라고."
이번에는 세 마리가 토끼다 여우다 사슴이라고 말하며
양보하지 않습니다.
그곳에 한 소년이 와서
"왜, 너희들은 무슨 일로 서로 싸우고 있는 거야?"

89

세 마리는 각각 자신의 일을 하소연했습니다.
이유를 들은 소년은
"그러면 함께 가 보자. 자 어서 와."
모두 함께 갔습니다. 웅덩이를 바라봤더니
그곳에는 토끼도 여우도 사슴도 있었습니다.
또 소년도 있었습니다. 소년은
"봐봐. 모두 있잖아. 이것은 물 거울이라고 하는 거야."

90

라고 알려주었습니다.

제26 조선

이것은 조선의 지도다. 보시오. 조선은 아시아 대륙의
남동쪽 끝으로 나와 있는 커다란 반도로, 그 모양은
서쪽을 향해 서 있는 토끼와 닮아 있다.
길이에 비해 폭은 좁고, 면적은 거의 혼슈와 같은 정도다.
전체적으로 산이 많고 평지가 적다.
산에서 가장 높은 것은 백두산이고 경치가 좋은 금강산과 함께

세상에 알려져 있다.
백두산에서 흘러 나온 압록강과 두만강은 조선과 만주국의
경계를 이루는 큰 강으로 이 밖에 대동강, 한강, 금강,
낙동강 등이 있다.

주요 특산품은 쌀, 콩, 인삼, 목재, 정어리, 고등어, 명태
등으로, 최근 유명해진 것으로 사과가 있다.
경성은 조선 제일의 도시로, 총독부를 비롯해
주요 관공서와 학교와 은행 회사 등이 많이 있다.
철도는 경성에서 사방으로 통해 있다. 인천, 원산, 평양,
신의주, 대전, 대구, 부산 등은 연선의 주요 도시로 신의주와
부산은 조선의 남과 북의 문호에 해당한다. 신의주에서
압록강의 철교를

건너면 만주국으로 들어가고, 부산에서 연락선을 타면

시모노세키에 도착한다.

제27 우리 나라
우리 나라는 아시아주의 동부에 있고, 그 구역은 일본열도,
조선반도, 관동주, 남양제도 등이다.
일본열도는 북동에서 남서로 연결되어 있고, 그 길이가
대략 오천킬로미터에 이른다. 중앙이 혼슈로, 북으로는 홋카이도,
사할린, 쿠릴열도, 남으로는 시코쿠, 규슈, 류큐열도, 대만이 있다.

95

일본열도는 아시아대륙과 마주보고 있어서, 그 가운데
오호츠크해, 일본해, 동중국해가 있다.
또 태평양을 사이에 두고 멀리 북아메리카 대륙과 마주하고 있다.
우리 나라의 면적은 대략 육십칠만 평방 킬로미터로, 기후는
곳에 따라 다르지만 대체로 온화하며 정말로
살기 좋은 나라다.
주된 특산물은 쌀, 보리, 차, 생사, 직물, 도기, 칠기 등이고

그 외에 임산물이나 해산물도 적지 않다.
육지에는 철도와 도로가 잘 발달하여
기차나 자동차의 교통이 빈번하며, 바다에는
항로가 잘 열려있어 기선의 왕래가 활발하다.
최근에는 항공로도 열려 한층 교통이 편리해졌다.
우리 나라에는 경치가 뛰어난 곳이 많다.
그 중에서도 후지산, 금강산, 세토내해가 넓고

세상에 많이 알려져 있다.
구천만의 국민은 위로는 만세일계의 천황을 받들고

각각의 일에 최선을 다하고 있다. 세상에는 여러 나라가
있지만, 이렇게 좋은 나라는 어디에도 없다.

제28 바다

바다는 넓다. 육지의 두배 반이나 된다. 바다는 깊다.
세상에서 가장 깊은 산도 싹 삼켜버릴 만한 곳도 있다.
강이라고 불리는 강은 대부분 바다로 흘러들어간다.
그러나 바닷물은 불어난 것 같지도 않다.
바다는 파도를 일으키며 흐르기도 한다. 또한 하루에 두 번

98

물이 차기도 물이 빠지기도 한다. 그러나 깊은 바다의
바닥은 움직이지도 흐르지도 않는다.
우리 나라는 육지가 의외로 좁다. 그러나 넓은 바다를
가지고 있다. 일본해 등은 마치 우리 나라의 연못과
같은 것이다.
우리 나라의 해안 근처에는 난류도 한류도 흐르고 있다.
남쪽에서 흘러 오는 난류에는 많은

고등어떼와 정어리떼가 타고 오기도 하고 북쪽에서 오는

한류에는 헤아릴 수 없을 정도의 청어떼와 명태떼가 타고 온다.
우리 나라 사람들은 바다를 두려워하지 않는다. 해안가에서
그물을 치는 사람도 있고 먼 바다에서 어업을 하는 사람도 있다.
마치 바다를 논밭처럼 생각하고 있다. 해안가에서는 해수를 끌어
소금을 만들기도 하고, 얕은 바다에서는 다시마, 미역, 김 등을
따기도 하고, 여자들까지 바다에 잠수해 전복, 우뭇가사리 등을
딴다. 마치 바다를 집처럼

100

살고 있는 것이다.
우리 나라는 바다의 나라라고도 불린다. 정말로
그렇다고 생각한다.

제29 후지산
머리를 구름 위로 내밀고
사방의 산을 내려다보고
천둥소리를 아래에서 듣고
후지는 일본 제일의 산

101

파란 하늘 높이 우뚝 선
몸에 눈 옷을 입고
안개 옷자락을
멀리 휘날리며
후지는
일본 제일의 산

104

제30 종자의 힘

종자의 신기한 힘에 놀라지 않는 사람은 없다.
종자 안에는 장생하는 것이 있다. 몇백년 전의
것이 분명한 종자가 싹을 틔웠다고 하는 이야기도 있다.
또한 싹을 낼 때의 힘은 엄청난 것이다. 밭에서 종종
보고 있는데 자신의 몇배나 되는 작은 돌을 위로 들어올리고
있는 싹이 있다. 어떻게 저런 힘을 내는 걸까.
분명히 싹을 틔우려고

열심히 인 것이다.
종자의 현명함에도 놀란다. 민들레의 종자는
하얀 털을 우산 대신에 써서 바람이 부는대로
훨훨 날아간다. 이런 것에는 버드나무, 소나무,
단풍 종자가 있다.
더 현명한 것은 사과, 감 등이다.
아직 종자가 어릴 때에는 그 열매의 맛도 내지 않는다.
열매의 색도 잎도 마찬가지로 좀처럼 발견되지 않게
잘 숨는다. 그러나 종자가 자라면

'자 먹어줘'라고 말할 뿐만 아니라 선명한 색을 띠며
맛도 깊어진다. 이렇게 해서 사람이나 새나 짐승에게
먹혀 종자를 다시 퍼트린다.

조금 치사하다고 생각되는 것은 도깨비바늘의 종자다.
모르는 사이에 몰래 사람의 옷 등에 달라붙어
어디까지든 따라간다.
아마도 종자는 매우 여행을 좋아한다. 야자나무의 종자는
물에 흘러흘러 몇백리라도 여행한다고 한다. 하늘 여행, 물의 여행,

동물을 탈 것으로 해서까지 여행하고 싶어한다. 여행은 도무지
할 수 없을 거라고 생각되는 봉선화 등은 자신의 힘으로 종자를
찢어 날리는 방법을 쓴다.

제31 보측
"당신은 십미터를 몇 걸음으로 걷습니까?"
"열여섯 걸음으로 걷습니다."
"백미터는 백육십보로 걷는다는 것이군요."
"그렇습니다. 복보로 팔십 걸음 정도입니다."
"1킬로미터를 걸으려면 몇 분 걸립니까?"

"십삼분 정도 걸립니다"
"그러면 1킬로미터를 가려면 복보로 팔백, 시간으로는
십삼분 정도 걸린다는 거네요."
"말처럼 그렇게 정확하게는 갈 수 없지만 대략 그러겠죠."
"그럼 그곳에서 바라보는 다리까지 몇 미터가 되는지
보측해 봅시다"
"가는 것은 복보로 사백십 걸음이었습니다만, 돌아오는 것은

사백이십 걸음이었습니다. 약 오백 미터는 칠팔분에 갈 수
있을 겁니다."
"나도 그 정도였습니다."

제32 니노미야 긴지로

1

긴지로의 집에서는 논밭은 모두 다른 사람 손에 넘어가서 다 쓰러져가는
집 한 채밖에 남지 않았습니다. 어머니는 세 명의 아이를
어떻게 키워야 할지 걱정하고 있었습니다.

110

긴지로는 어머니의 걱정하시는 바를 모르지 않았습니다.
자신의 힘으로 두 명의 동생을 키우겠다고 다짐하지 않는
날은 없었습니다.
그래서 아침에는 닭이 울 무렵 깨어서 멀리 있는 산에 가서
장작을 베러 가고, 밤에는 짚신을 삼거나 새끼를 꼬며 자신의 몸을
아끼지 않고 일했습니다.
이렇게 해서 한 가족 네 명이 살고 있었습니다만 또 다시
불행한 일이 일어났습니다. 어머니가 중한 병에 걸렸습니다.

긴지로는 밤에도 자지 않고 간병했습니다만, 조금도 나아지지
않았습니다. 결국 열흘 정도 후에 어머니는 세 명의 아이의
미래를 염려하며 돌아가시고 말았습니다.

16살의 긴지로는 가장이 되어 두 명의 어린 동생들을 데리고
쓰러져가는 집에 남겨졌습니다.

2
긴지로는 큰아버지의 집에 가게 되고 두 명의 동생은
각각 아는 집으로 보내지게 되었습니다.

112

그래서 긴지로 형제는 뿔뿔이 흩어지고 말았습니다.
큰아버지 집에 가서도 긴지로는 일을 열심히 했습니다.
긴지로는 아무리 일이 바빠도 공부하는 것을
잊지 않았습니다.

113

낮에는 공부할 여유가 없고, 밤에는 밤일을 하지 않으면
안 됩니다. 그래서 온 집안의 사람들이 모두 잠들고 나서
열심히 책을 읽으며 밤을 샜습니다.
어느 날 큰아버지가
"기름이 너무 많이 들어 큰일이네."
라고 말씀하셨습니다. 긴지로는 정말로 그렇다고 생각해
스스로 남은 땅에 유채를 심어 수확해서 기름을 짜서

114

공부했습니다.

3

사카와강에는 매해 홍수가 납니다. 그 때마다 하천의
보수공사를 진행합니다.
긴지로도 하천 보수공사를 나와 일했습니다. 그리고 받은
돈은 한 푼도 쓰지 않고 모두 저축해 두고 노인이나 가난한
사람에게 나누어 주었습니다.
어느 해 홍수로 물길이 바뀌어 용수로의 물이

말라 쓸모없는 땅이 생겼습니다. 긴지로는
틈틈이 그곳의 땅을 갈아엎고 돌을 골라 논으로 만들었습니다.
그리고 사람들이 버린 모를 주워와서 심었습니다.
가을이 되어 그 논에서 한 가마니가 넘는 쌀을 수확했습니다.

긴지로는
"작은 것이 쌓여 큰 것을 이룬다는 말은 자연의 이치다.
나는 이 길에서 집안을 다시 일으킬 거야."
라고 생각했습니다.
다음 해 그 한 가마니를 토대 삼아 많은 수확을 거두었습니다.

4

긴지로는 큰아버지의 집에서 몇 해를 보냈습니다.
그동안 심신을 단련하고 집안을 일으키려고
근검절약하는 생활을 했습니다.

117

노력한 보람이 있어 자신의 논밭도 만들고
약간의 저축도 할 수 있었기에 드디어 한 사람의
성인으로 독립하겠다고 결심하고 큰아버지의
허락을 구했습니다.
긴지로는 자신이 태어난 집으로 되돌아갔습니다.

118

집은 처참한 모습이었습니다. 긴지로는 돌아가신 부모님,
어렸던 옛 시절을 회상했겠죠.
긴지로는 혼자서 지붕을 다시 깔고 문을 만들었습니다.
이렇게 집에서 살 수 있게 되면서 두 명의 남동생을
다시 불렀습니다.
"작은 것이 쌓여 큰 것을 이룬다."
이 이치를 잊지 않은 긴지로는 형제 세 사람이 힘을 모아
근검한 길을 걸었습니다.

119

논밭은 해마다 늘어 갔습니다.

끝

간이학교 국어독본
권4

1

제1 메이지천황

메이지천황은 천황폐하의 조부에 해당하십니다.

향년 16세로 천황의 직위를 받으시고 재위 46년간에

우리 나라를 세계의 일본으로 만드셨습니다.

천황의 즉위를 맡으셨을 무렵에는 아직 막부가 정치를

하고 있었습니다. 그러나 우리 나라를 다스리시는 분은

천조의 신칙에 의해 정해져 있으므로 국민은 막부에

강요하여 정사를 천황에게 다시 되돌리려고 하였습니다.

그러기 위해 한 때 나라 안이 소란스웠습니다만

2

머지않아 안정되어 천황 스스로 정치를 하시는 국체의

근본을 되돌려 메이지 유신의 대업은 성공하였습니다.

천황은 먼저 정사의 대방침으로 다음과 같은 5개 조의

서약문을 보이셨습니다.

하나, 넓게 회의를 열어 만기공론으로 결정할 것.

하나, 상하 마음을 하나로 하여 왕성히 경론을 할 것.
하나, 관무일도 서민에 이르기까지 각 그 뜻을 펼쳐,
인심으로 하여 게으르지 않을 것을 요한다.
하나, 구래의 누습을 깨고, 천지의 공도에 기초를 둘 것.

3

하나, 지의를 세계에 구하고, 크게 황기를 진기할 것.
또한 수도를 동경으로 옮기고, 번을 폐하고 현을 두고,
학제와 징병령을 내려, 각국과 조약을 맺는 등 차례차례로
정사를 다스리셨습니다.

4

천황은 국민이 한층 행복하게 되고, 국가가 한층 더
발전하도록 하기 위해 메이지 22년 2월 11일에
대일본제국 헌법을 발포하시고 다음해인 23년에는
제국의회를 여시었습니다.

5

교육에 관한 칙어를 주시고 국민을 다스려 주신 것도
이 해의 일입니다.
이 무렵 조선은 매우 혼란하여 인민은 고통스러워 하고
있었습니다. 우리 나라는 예로부터 조선과 깊은
관계에 있었기 때문에 서로 안전과 동양의 평화를 위해
서로 도우려고 했습니다. 중국은 조선을 자신의 나라라고

말하며, 우리 나라의 노력을 방해했습니다.
메이지 27년의 일입니다. 조선에서 난이 일어난 것을
반기며

6

무법하게도 대군사를 조선에 보내서 결국 청일 양국의 전쟁이
일어났습니다.
국민들은 용감하게 싸웠습니다. 아산, 성환, 평양, 여순, 황해에서
황군이 전진하는 곳에 적은 없고, 연전연승을 거두었습니다.

7

이 전쟁으로 조선은 겨우 중국의 세력으로부터
벗어날 수 있었습니다.
메이지 33, 4년 무렵부터 러시아는 대군사를 만주로
보내 이들로하여금 여순 등에는 견고한 요새를 만들었습니다.
그리고 조선을 자신들의 것으로 만들려고 여러 가지
수를 쓰기 시작했습니다. 우리나라는 동양의 평화에 대해
종종 러시아에 충고했지만,

8

조금도 받아들여지지 않았습니다. 국민들의 분노는
극도에 달했습니다.
메이지 37년 2월 천황은 국민에게 러시아를 치라고
명령하셨습니다.

국민들은 신명을 받들고 싸웠습니다.
라오양, 사허, 봉천, 여순, 황해, 일본해에서 황군은
발이 닿는 곳곳에서 적의 대군과 맞서 이겨

9

국위를 세계에 빛냈습니다. 전후, 천황은 이토 히로부미를
조선에 보내어 그 개혁을 하도록 했습니다. 그러나
조선의 복리를 늘리고, 동양의 평화를 유지하기에는
이것을 병합하는 것 외에 다른 방법이 없다는 것을 알았습니다.
조선의

10

사람들도 그것을 바라며, 세계의 나라들도 인정하였습니다.
그래서 천황은 메이지 43년 8월에 조선을 병합하시었습니다.
이 때부터 반도의 백성도 동등하게 제국의 신민으로 황실의
위덕을 입게 되었습니다. 다음해인 44년에는 교육에 관한
칙어를 조선에도 하사하시게 되었습니다.
메이지천황은 인자한 마음이 매우 깊으신 분으로 항상
국민의 행복을 마음에 두셨습니다.
맑아도 흐려도 생각할까

11

우리 민초의
배고픔은 어떠한지

라고 지으신 어제(御製: 임금이 지은시)가 있습니다.

국민은 마음속 깊이 천황의 치세를 기뻐하고 있었습니다.

메이지 45년 7월, 무심하게도 천황은 깊은 병환에
걸리셨습니다. 국민들은 빠짐없이 평유를

12

빌었습니다. 궁성의 정문 앞에 무릎을 꿇고 천수의 장구를
비는 사람들의 수는 수만에 이르렀습니다. 그러나 그러한
보람도 없이 병환은 하루 하루 더 위중해지고, 같은 달 30일,
61세로 결국은 서거하시고 말았습니다.

13

천황의 치세 가운데 우리 나라는 세계의 강국이 되었습니다.
이것은 오로지 천황의 위세 덕분이었습니다.

제2 고귀한 농부

'서 있는 농부는 앉아 있는 신사보다 고귀하다'라는 속담이 있다.
이것은 일하는 농부의 고귀함을 표현한 것이다.
조선의 농부는 모두 서 있는 것일까. 현재 조선에는 백 명
가운데 팔십 명까지 농부로, 그 중 오십 명은 가난하다고
할 수 있다. 이 사람들 중에는

14

먹을 것조차 빌려서 먹고, 게다가 갚을 능력조차 안 되는

생활을 하고 있는 사람이 있을 것이다.

우리 나라에는 이러한 국민이 한 사람이라도 있으면 안 된다.

과연 가난한 농부가 자립한 사람이 될 수 있는 것일까.

그것은 마음먹기에 달렸기 때문에 누구라도 될 수 있다.

자립한 사람이 되는 길은 희망을 가지고 일하는 것에 있다.

희망을 가지고 일하고 있으면, 반드시 좋은 방법이 생겨난다.

먼저 빚이 없는 생활을 희망해 보자. 그러면 새로운 빚은

만들지 않게 된다. 지출을 줄인다.

15

그리고 수입을 늘리려고 생각할 것이다. 게다가

그 희망을 이루는 길은 근로 밖에는 없다는 것을

깨닫게 될 것이다. 자주 십년이면 강산도 변한다고 말한다.

아주 조금의 빚이라면 십년의 노력으로 못 갚을 일이 없다.

아주 간단히 생각해도 십년간의 생활비에 빚을 더한 것의

십분의 일씩을 매년 일해서 갚으면 되지 않을까?

먼저 희망을 갖자. 반드시 길은 열리고 우울함은 사라진다.

하늘의 은혜는 가난한 자에게도 부유한 자에게도 똑같이

내려진다. 이 은혜를 자신의 것으로 만드는 길은 희망과

근로다.

16

비록 가난하더라도 희망을 안고 근로하는 오늘은 귀한

농부가 되는 귀한 하루이다.

제3 원숭이의 부모마음

옛날에 짐승의 신이 많은 짐승을 향해 말씀하셨습니다.
"너희들의 아이들 가운데 가장 예쁜 것에게 상을 주마."
그래서 많은 짐승들은 아이들을 데리고 광장에 모였습니다.
사자는 멋진 털을 자랑하는

17

아기사자를 데리고 득의양양하게 신의 옆에 앉았습니다.
호랑이는 일부러 늦게 와서 금색의 아이를 여봐란듯이
구석구석까지 핥았습니다. 기린은 키가 큰 아이를,
코끼리는 체격이 큰 아이를 데리고 와서 각각 신의
눈에 띄기 좋은 곳에 앉았습니다.
모두가 아름다운 아이들입니다.
그런데 대부분의 짐승이 모였을 무렵 또 한 쌍의
입장자가 있었습니다.

18

모두 그 쪽을 보자마자 일제히 와 하고 소리를 질렀습니다.
호랑이는 수염을 세우고 '후후' 하고 웃었습니다.
사자는 마치 비웃는 것처럼 '호호'라고 웃으며 앞다리로
얼굴을 비볐습니다.
그것은 어미 원숭이가 초라한 아기 원숭이를 데리고
왔기 때문입니다.
원숭이는 그 자리의 상황으로 지금 자신이 어떻게
여겨지고 있는지 알았습니다. 그리고 신을 올려다보며

19

"하느님 당신이 누구에게 상을 주셔도 조금도 불복하지 않습니다.
그러나 저에게는 당신이 주신 이 아이가 가장 아름답게 보입니다."
라고 말하고 아기 원숭이를 꼬옥 껴안았습니다.

제4 니노미야 손도쿠

니노미야 손도쿠는 매우 가난한 집에서 태어나 일찍이 양친을
잃고, 고생을 했습니다. 그래도 흥업치산의 희망을 안고, 매우
열심히 일해서 결국에는 성공해서 집안을 일으키고, 나아가서는
사람을 위해 세상을 위해 일했습니다.

손도쿠는 36세 때 사람들에게 부탁을 받아
사쿠라초라는 마을의 부흥을 맡았습니다.
그 무렵 이 마을은 너무 황폐해서 마을 사람들은
희망을 잃고 매일 게으름만 피우고 있었습니다.
손도쿠는 비가 내리든 바람이 불든 하루도 쉬지 않고

마을 안을 돌아다니며 농부들을 가르치고 격려했습니다.
가을이 지나 겨울이 오자 농가에는
밭 일이 없어졌습니다. 그렇게 되면 오랫동안의
버릇으로 일하는 사람은 한 명도 없습니다.
손도쿠는 더욱더 농부들을 격려하고 황무지를

경작하여 넓혔습니다.
그러나 누구도 열심히 일하지 않습니다. 마음이 좋지 않은
사람들은 무리를 지어 일을 훼방하였습니다. 손도쿠를
돕지 않으면 안 되는 관료들까지 방해하므로 사쿠라초의
부흥은 언제 이루게 될지 몰랐습니다.
손도쿠는 어떤 곤란이 있어도 희망을 버리지 않습니다.
항상 정성이 부족한 것이라고 생각하고 자신을 탓했습니다.
그래서 농부들에게는
"덕의 근본은 근로에 있다. 근로가 없는 곳에
덕은 없다."

23

라고 가르쳤습니다.
정성은 사람들을 움직입니다. 손도쿠의 정성에 감동한
사람들이 한 사람에서 두 사람, 두 사람에서 세 사람으로
늘어갔습니다.
3년이 지나 5년이 지났을 무렵에는 이젠 삶이
바뀐 사람들도 나왔습니다.
그리고 잘 열매 맺은 벼를 보며 자신들의 마음이 황폐했기 때문에

논밭도 황폐한 것이라고 깨달은 자들도 많아졌습니다.
십년이 흘렀습니다. 사쿠라초의 논밭에는 곡물이 주렁주렁
열려 마을 사람들은 일하는 것을 즐기게 되었습니다.

사쿠라초는 훌륭하게 부흥한 것입니다.
니노미야 손도쿠는 그 후에도 각지의 부흥을 담당하여
육백 여개의 마을들을 갱생시키고, 지금도 많은 사람들로부터
신과 같이 존경받고 있습니다.
오늘날 한 가족의 갱생과 마을의 진흥을 이루기 위해서는
손도쿠의 가르침을 지키는 것 밖에는 길이 없다고 말하고
있습니다.

제5 토지 넓히기

25

우리는 매일 학교에 가고 있으므로 학교 안의 땅은
구석구석 알고 있는 것 같지만 의외로 그렇지 않습니다.
"빈 땅을 방치하는 것은 아깝다. 어떻게든 이용할 수
있는 방법을 생각해보자."
라고 선생님이 말씀하셨을 때에 그런 땅이 있었나라고
멍하니 운동장을 떠올려 보았습니다.
우리는 선생님과 함께 학교 땅을 둘러보았습니다.
"이 둑의 경사면이나 반대편의 길 양쪽에는

26

닥나무를 심자. 그리고 내년에는 다같이
종이뜨기를 하자."
"이 삼각형의 밭구석에는 무언가 약초를 심을까 생각하는데."
선생님은 계속해서 빈 땅을 이용할 계획을 말씀하셨습니다.
우리는 학교 건물 뒤로 나왔습니다. 돌연 김씨가

"선생님 이곳에서 저 소나무 숲까지 밭으로 만들면
어떨까요?"
라고 큰소리로 말했습니다.

27

"역시, 그것은 좋은 생각이야. 2아르는 될 거야."
선생님은 찬성하셨습니다.
저녁 무렵 선생님이 이 개간에 대해 마을의 청년들에게
상담하시고
"어쨌든 오늘밤 안에 마무리합시다. 낮에는
바쁘니."
라고 말씀하셨습니다.
우리도 큰 사람들만 나오게 되었습니다.
밤이 되자 모두 손에 손에 괭이와 삽을 들고
모였습니다. 그래서 선생님의 지도로 일하기 시작했습니다.

28

잡목을 잘라내는 사람, 뿌리를 뽑는 사람, 돌을 줍는 사람,
흙을 뒤집는 사람, 모두 열심히 일합니다.
3시간 정도 열심히 일했습니다. 그리고 밭을 싹 갈아엎었습니다.
일이 끝나자 청년들은 밤이 으슥해졌다고 말하고

29

금방 되돌아 갔습니다.

내가 손씻을 물을 퍼와 선생님께 드리니
"고마워 학교의 밭이 늘었네."
라고 말씀하시고 무언가 생각하시는 것 같았습니다.
올려다보니 달이 하늘의 한 가운데 나와 있습니다.
넓고 넓은 하늘입니다.
달빛이 물과 같이 흐르고 있습니다.
"오늘밤은 13일 밤이군. 그리고 10분 지나면 12시다."
선생님이 혼잣말처럼 말씀하셨습니다.

제6 구름

30

나는 마당에 서서 하늘의 구름을 바라보고 있었습니다.
한 덩어리의 구름이 산 정상 가까이에 떠서 강한
오후의 빛을 받아 반짝이고 있습니다.
저 구름은 움직이고 있는 것일까요, 아니면 멈춰 있는 것일까요?
잘 보면, 구름은 조용히 조용히 북쪽으로 움직이고 있습니다.
어느새인가 옆에 온 남동생이
"형 저기에 흰 개가 있네."
라고 말하며 구름을 가리켰습니다.
아무리 찾아도 개의 모양을 보이지 않습니다.

31

문득 나는 코끼리 모양이 나타나 있는 것을 발견했습니다.
"나한테는 코끼리가 보여."
동생은 조용히 구름을 보고 있습니다.

반대편 저수지에 또렷이 구름의 그림자가 비치고 있습니다.
그림자 쪽은 개의 모양으로도 보입니다.
아까부터 울고 있었을까요. 점점 우는 벌레 소리가
들립니다. 잠자리가 잉잉 날고 있습니다.

32

나는 또 구름을 바라보았습니다. 구름의 모양은 흩어져
더 이상 개도 코끼리도 보이지 않게 되었습니다.

제7 지레와 톱니바퀴
다음 그림은 봉을 사용해서 밭의 큰 돌을 움직이려고
하고있는 것을 그린 것이다.
봉을 받치고 있는 지레가 가까이 가면 갈수록
아주 작은 힘으로도 돌은 움직인다. 이렇게 사용되는 봉을
지레라고 하는 것이다.
지레는 아주 작은 힘으로 무거운 물건을 움직일 때 사용한다.

33

농기구에는 지레의 원리를 이용한 물건이 많다.
볏짚을 써는 작두, 쌀을 빻는 디딜방아 등은 모두 그것이다.
저울이나 가위도 이 원리를 응용한 물건이다.
벼를 훑는 기계에는 톱니바퀴가 사용된다.
큰 톱니바퀴가 한 번 돌아가는 사이에 이것과 톱니가
맞물려 있는 작은

34

톱니바퀴가 몇 번이나 돈다. 톱니를 세어 보면 알 수 있다.
그래서 발판을 밟으면 큰 톱니바퀴가 돌아감에 따라
작은 톱니바퀴가 어지럽게 돌아가는 것이다.
지레의 이치와 톱니바퀴를 잘 사용하면 아주 작은 힘으로
큰 일을 하는 무언가 훌륭한 도구를 발명할 수 있을
것임이 틀림없다.

제8 니이나메마쓰리

백성이 바친 논밭의 물건을
미즈호노쿠니의 선조에게 공양하고
천황폐하는 들으신다.
오늘은 기쁜 니이나메마쓰리

봄의 밭갈기, 씨뿌리기, 솎아내기
여름의 흙돋우기, 풀뽑기, 모내기

노력하고 노력해 맞는 가을의
논에도 밭에도 이삭의 파도가 흔들린다.

가을의 거둬들이는 일을 마치고
농사제의 피리, 꽹과리, 북.

'농자천하지대본야'라고
쓴 큰 깃발 장식하고 춤추자.

제9 공자

공자는 지금으로부터 이천오백년 정도 전에 중국에서
태어났습니다. 어렸을 때 아버지를 잃고 어머니의 손에서
컸습니다. 태어나면서부터 학문을 좋아하고
놀 때도 제사나 예법을 흉내낼 정도였습니다.
젊었을 때 관료가 되었습니다만, 처음에는 창고나 목장
담당이었습니다. 공자는 이러한 하찮은 일이라도
지루하다고 생각하지 않고 열심히 했기 때문에
창고에는 곡물이 넘치고 목장에는 양이 늘었습니다.
공자는 일에 열심이었을 뿐만 아니라 그 한편으로

면학하는 것을 하루도 게을리하지 않았습니다. 그래서 관직도
높아지고 학덕도 점점 쌓여 가르침을 따르는 자들이 해마다
늘어갔습니다.
어느 해의 일입니다. 공자는 제사 담당을 명령받았습니다.
공자는 예법에 밝았지만 작은 것까지 하나하나 선배에게
물었기 때문에

"아직 젊으니까 아무것도 모를 테지."

라고 뒷얘기를 하며 비웃는 사람도 있었습니다.
공자는 이런 소문을 듣고
"예법은 잘 알고 있지만, 예를 중요시하기 때문에
하나하나 묻는 것이다. 선배에게 묻는 그것이 예의다."
라고 말했습니다.
공자는 대사도 되었습니다만, 노후에는 고향에 돌아가
제자 교육과 저술에 마음을 쏟았습니다. 제자는
3천명이나 있었으나 한 사람 한 사람에게 맞는

가르침을 주며 마음속으로 애지중지 아꼈습니다.
유명한 제자인 안연이 죽었을 때 공자는 "내가
죽은 것과 같다."라고 말하며 소리를 내며 울었다고 합니다.
논어는 공자와 유명한 제자들의 언행을 모은 책으로
세계의 많은 사람들에게 귀하게 여겨지고 있습니다.
공자의 가르침은 만대불역이며 지금도 우리들의 마음에
살아 있습니다.

제10 우편
"1전 5리의 엽서와 3전의 봉투가 이런 산 속 한 채의 집에
배달되다니 고마운 일입니다."

"통신의 일은 국가가 하고 있지. 국민의 행복과 국가의
발달을 위해 싸고 편리한 서비스를 제공하는 거야."
"싸다고 하면 종자나 신문 등은 상당히 싸게 보낼 수 있죠."

"종자는 110그램까지는 1전으로 보내고 신문은 75그램까지
5리야."
"게다가 상당히 친절해서 얼마 전에도 이쪽 번지를
잘못 쓴 엽서가 제대로 도착했습니다."

42

"분명히 집배원이 찾아서 배달해 준 것일 거야.
그렇다고 해도 받는 사람이나 번지만은 틀리지 않고
정성껏 쓰지 않으면 담당자를 힘들게 하는거지."
"언젠가 수취인이 없다고 하고 돌아 온 엽서에 세 장이나
조사한 종이가 붙어 있었습니다만, 담당자가 얼마나
힘들었을까요."
"보낸 사람의 주소와 이름이 제대로 쓰여 있었기 때문에
돌아온 거야."
"전보는 어떻게 빨리 도착하는 것일까요?"
"그것은 우편소에 전신기가 있어서 받는 사람이 있는

43

구역의 우편소 담당자를 호출해서 전보를 치면 치는 대로 상대방
쪽에서도 소리가 나. 그것을 담당자가 받아 적어 문자로 쓰는
거지."
"아주 편리한 기계도 있네요."
"옷은 어떻게 보내나요?"
"그것은 소포로 보내지. 잘 싸서 받는 사람 이름과 주소를
바르게 써서 우편소에 내면 전달해 주지."
"돈은 어떻게 보냅니까?"

"그것은 우편환이라는 증서로 해서 보내는, 안전하며
편리한 방법이 있어."

"돈을 그대로 봉투에 넣어 보내는 것은 안 됩니까?"
"일반 봉투에 넣는 것은 절대로 금지되어 있어. 그러나 특별한
수속을 밟으면 그대로 보낼 수 있는 방법도 있어."
"우편환도 소포도 전보도 우편소까지 가지 않으면
보낼 수 없군요."

"그래. 우편은 싸고 확실하고 빠르다는 것은 무엇보다
좋지만 앉은 자리에서 이용할 수는 없지."

제11 부여
서두르는 여행도 아니니 걷기로 했다. 하늘은 쾌청하고
맑아서 한 점의 구름도 없다. 오늘은 백제의 도읍지
부여를 볼 수 있다고 생각하니 기뻐서 다리가 가볍다.
길은 작은 산을 넘어, 숲을 돈다. 시냇물에 놓인
다리를 몇 개나 건넌다.
몇 시간 걸었을까. 하늘은 점점 흐려져 비가 올 것만 같다.

46

문득 왕릉의 하얀 도로판이 눈에 들어온다. 드디어 부여에

왔다. 오른쪽으로 꺾어 왕릉 앞으로 나온다. 잔디로 뒤덮인
오래된 능이다.
성벽이 있었던 부근에서 지나는 비를 맞는다. 비에 젖은
오래된 기와 조각을 밭 안에서 발견했다.
한참 지나 부여 읍내로 들어왔다.
성터라고 하는 부소산에 오른다. 백마강이 나무 사이에서
멀게 보인다. 모래는 하얗고 물줄기는 푸르다.
강 반대편의 마을에서 흰 연기가 피어오르고 있다.

47

그 주변에서 희미하게 닭 울음소리가 들려왔다.
가파른 언덕을 내려와 낙화암 위에 섰다. 강변에 늘어선
미루나무 가로수 반대편에 수북정이 보인다.
천수백년의 옛날 백제로부터 많은 사람들이 내지로 넘어와
여러 가지 학문과 기예를 전달했다고 한다.
내지에서도 와서 저 산 이 강을 보고 다닌 사람들도
적지 않을 것이다. 그 무렵의 일을 생각하면 마치
꿈과 같다.
고란사 부근에서 잠시 경치를 넋을 잃고 보고 있는 와중에 해 질 무렵이
다 되어 산을 내려온다. 붉게 물든

48

낙엽송의 숲 안을 지난다.
얼마나 아름다운 숲인지. 이것은 이십년전 이곳의
보통학교의 학생들이 심은 것이라 듣고
다시한번 낙엽송 숲을 돌아보았다.

나는 일부러 부여에 오길 잘했다고 생각했다.

49

제12 숯 가마니

감악산에 나무를 심어 숲을 이루기 시작한 것은 십사오년이나
전의 일로, 나무는 졸참나무, 상수리나무 등의 활엽수와 소나무와의
혼합 숲이므로 송충이가 가까운 산까지 덮쳐 와도 여기만은
해를 피해서, 보기에 아주 훌륭한 숲의 형상이다.
이제 어느 나무라도 충분히 도움이 된다.
산기슭에 오래된 보통학교가 있다. 어느 날 산림사무소의 직원이
교장선생님을 찾아왔다. 여러 가지 얘기 끝에

"이번에 산에서 숯을 굽게 되었습니다만, 이 주변에서는
숯 가마니를 구할 수 없어 큰일입니다."
라고 말했다. 교장 선생님은 문득 학생들에게 맡기면
어떨까 하는 생각이 들어
"하루에 몇 장 있으면 될까요? 그리고 재료는?"
이라고 물으셨다.
재료는 억새가 좋지만 좁쌀 대로 만들어도 된다. 다만 크기는
정확히 하지 않으면 안 된다. 억새로 만들면 한 장에 8전, 좁쌀 대로
만들면 5전, 몇 장을 만들어도 다 받아준다고 했다.

51

교장 선생님은 즉시 결심해서

"그럼 학생들에게 맡겨 봅시다. 조금 가르치면 할 수 있을 것입니다."
라고 말씀하셨다. 직원은 기뻐하며 돌아갔다.
2, 3일 후에 일이 시작되었다. 두 사람이 한 조가 되어 한 사람이 새끼를
꼬면 한 사람은 재료를 다듬는다. 한 사람이 견본의 치수를
재면 한 사람은 추를 찾는 식으로 방과 후 운동장은 금세 공장으로
바뀌었다.
저녁 무렵이 되어 완성된 것을 보니

52

새끼가 느슨한 것, 크기가 맞지 않는 것, 새끼줄이 비틀어진 것 등
여러 가지가 있다. 교장 선생님은
"이것은 가로줄의 치수를 다시 고쳐. 이 새끼가 느슨한 것은
추가 부족해. 새끼줄이 비틀어진 것은 틀이 흔들거려서 그런 것이다."
라고 하나하나 주의를 주셨다.
원래 세공에 익숙한 학생들이어서 바로 숙달되었다.
3일째에는 훌륭한 숯 가마니를 만들 수 있게 되었다.
어느 월요일의 일이다. 한 명의 학생이

53

"교장 선생님, 숯 가마니가 걸어옵니다."
"뭐라고? 숯 가마니가 걸어온다고?"
교장 선생님은 학생들이 가리키는 쪽을 바라보았다.
"역시 숯 가마니가 걸어오는 것 같네."
잠시 후에 한 명의 학생이 몸이 보이지 않을 정도로
지게에 가마니를 싣고 가져왔다.
"모두 다 해서 30장입니다. 어제는 하루에 10장이나

짰습니다.”
라고 말하며 땀을 닦았다.
열흘 정도 되었을 때 합격한 숯 가마니가 500장,
운동장에

작은 산처럼 쌓였다.
드디어 산의 사무소로 옮기게 되었다.
사무소까지는 계속 오르막길밖에 없다.
올려다보니 숯을 굽는 하얀 연기가 어슴푸레
피어오르고 있다. 그 연기를 목표 삼아 교장 선생님을
선두로 한 30명의 일대가 구불구불 올라간다.

제13 12월 23일

쇼와 8년 12월 23일 아침의 일이었습니다.
여느때처럼 등교한 학생들은 현관에 국기가 걸려 있는 것을 보고
모두 ‘뭐지?’라고 생각했습니다.
미리 선생님으로부터 들었기 때문에
“황태자님이 태어나셨을 거야.”
“내친왕님이 태어나셨을지도 몰라”라고 말하는 애들도 있었습니다.
성질 급한 학생 하나가 선생님에게
“선생님 그런 거죠?”

56

라고 물었습니다. 선생님은 싱글벙글 웃으시며

"황태자님이 태어나신 겁니다."
라고 말씀하셨습니다. 학생들은 짝짝짝짝 손뼉을 쳤습니다.
그 중에는 만세라고 외치는 아이도 있었습니다.
모두가 진심으로 기뻐하는 것 같습니다.
오전 10시 집합 종이 울렸습니다. "차렷."
"앞으로 나란히." 전교생은 2분도 안 되어서 정렬을 마쳤습니다.
교장 선생님이 단 위에 서서
"여러분 오늘은 정말로 기쁜 소식을 알려드리겠습니다."

57

"오늘 아침 황태자님이 태어나셨습니다. 우리 국민이 마음 속으로
고대하고 있던 우리 대일본 제국의 황통을 이을 황자가 태어나신
것입니다."
선생님도 학생들도 "와"라고 소리지르고 싶은 기쁨을 억누르며
차렷 자세를 하고 있었습니다.
"지금부터 국기를 게양하고 황태자님의 만세를 삼창합시다."
교장선생님이 단을 내려오시자마자 일장기가 조용히 게양대를 오르기 시작
했습니다.

58

모두의 눈이 국기에 향해 있고, 존엄히 노래하기 시작하는
'기미가요'
임금님의 치세는 천대에 팔천대에 작은 조약돌이
바위가 되어 이끼가 낄 때까지
진심으로 부르는 기미가요 노래에 마음을 바치듯

늠름한 12월의 아침바람을 맞으며 일장기가 높이 올라갑니다.
"황태자 전하 만세."
"만세."
"만세."
학생들의 마음에서 울려퍼지는 소리가 일본의 청명한 하늘에 울려퍼졌습니다.

제14 만주로부터

1 봉천에서
안동에서 만주로 들어오면 한동안은 조선과 별로 다르지 않은
경치입니다. 그러나 봉천에 가까워 올수록 하늘과 들만 있는
대평야. 봄부터 가을에 걸쳐 이 평야가 모두 고량과 콩으로
가득 찬다고 합니다.

2 여순에서
그저께는 봉천에서 북대영의 신전장을 보고
오늘은 여순의 고전장을 돌아보고 있습니다.
백옥산 위의 표충탑 앞에서는
"당신들 덕분에 만주국이 세워졌습니다."라고
말씀드리고 공손히 절을 드렸습니다. 여순을
보고 만주는 우리나라와 끊으려야 끊을 수 없는
사이라는 것을 느꼈습니다.

3 신경에서
신경은 역시 새로운 만주국의 도읍답게 생기가 넘치고
건축 중인 건물이 여기저기에 들어서고 있습니다.
몇 년이 지나면 얼마나 멋진 대도시가 될까요.
내일은 경도선으로 북조선에서 돌아갑니다.

제15 세계

지구의 표면은 바다와 육지로 되어있다.
바다를 나누어 태평양, 대서양, 인도양 등이라 하고
육지를 아시아주, 유럽주, 아프리카주, 북아메리카주,
남아메리카주 및 오스트레일리아주로 나누고 있다.
지금 조선을 출발해 요코하마에서 배를 타고 태평양을 건너
동쪽으로 가면 2주일만에 미합중국인 샌프란시스코에
도착한다. 여기에서 북미대륙의 횡단철도로 뉴욕에 가서
다시 배를 타고 대서양을 건너 동쪽으로 나아가면 며칠 후에는
영국의 런던에 도착한다.

런던에서 또 배를 타고 유럽대륙으로 건너가 여기를 동쪽으로
가로지르면 아시아 대륙이 나오고 시베리아 철도를 이용해서
조선에 돌아올 수 있다.
세계를 일주하려면 기선과 기차에 의한 것이 보통이지만
한 발짝도 육지를 밟지 않고 기선만으로도 돌 수 있다.

또한 비행기로 순식간에 도는 것조차도 할 수 있다.

이렇게 보면 세계는 넓은 것 같으면서도 좁다. 세상이 열릴수록
점점 좁아진다.

우리 기선은 닿는 곳마다 항구에 일장기를 휘날리며
무역을 하고, 우리 화물은 왕성히 세계 속으로 나아가고 있다.

67

지금 우리 국민은 세계 각지에서 활동하게 되었다.

제16 별 이야기

내가 아직 열두세살 무렵 태양은 일종의 별이라고 배우고
깜짝 놀란 경험이 있습니다. 밤 하늘에 빛나는 무수한 별이
태양과 같은 것이라면 밤은 낮보다도 밝고, 훨씬 더 따뜻해야만
한다고 생각한 것입니다.

그러나 태양보다도 훨씬 먼 곳에 있기 때문에 빛도 옅고
작게 보이는 것이라고 알게 되자 이번에는 하늘의

68

광대함에 놀랐습니다. 게다가 구름뿐이라고 생각하고 있던
하늘의 강이 무수한 별의 집합이라고 듣고 역시 하늘은
신기한 것이라고 생각하게 되었습니다.

나는 묵묵히 밤 하늘을 바라보았습니다. 하늘의 광대한 것에
비하면 지상의 것은 모두 작게만 느껴집니다.

지구도 하늘에 놓인 하나의 별로 엄청난 속도로 돌면서
태양의 주변을 돌고 있다고 하는 것은 처음에는 믿을 수
없었습니다. 그런 이야기를 들은 밤에 지구에서 발이

미끄러져

69

한도 끝도 없이 멀리멀리 떨어져 버리는 무서운 꿈을 꾸었습니다.
나는 옛날 사람들이 달을 보며 토끼가 방아를 찧고
있다고 생각하거나 은하수에서 견우별과 직녀별 이야기를
생각해 낸 것을 그리워하게 되었습니다.
별과 별을 연결해서 큰 곰이나 작은 곰의 모양을 상상한
것을 재미있다고 생각합니다. 그 중에 국자 모양을 하고 있다고
하는 북두칠성

을 보고는 우리집에 있는 조금 모양이 틀어진 국자를 생각하며
웃을 수밖에 없었습니다.
요즘 밤하늘에는 빨간 빛이나 푸른 빛을 내뿜는, 셀 수 없을
정도로 많은 별이 또렷하게 보입니다.
나는 북두칠성을 기준으로 북극성을 찾는 것이 하나의 재미입니다.
그때 저 북극성을 푯대 삼아

깜깜한 바다를 항해하는 배를 떠올리곤 합니다.

제17 시와 농업
아주 옛날 산에서 수렵을 하거나 바다나 강에서 생선을

잡던 생활을 했던 사람들도 짐승이나 생선만으로는
생활을 할 수 없게 되었습니다. 마찬가지로 농업을 하는
사람들도 곡물만으로는 살 수 없게 되었습니다. 그래서
물건과 물건을 바꿔서 그때 그때의 필요를 채웠습니다.
이런 것을 오랫동안 반복하는 가운데 장소나 날을 정하게 되고
시장, 시일, 상인 등이 만들어졌습니다.

그 가운데 돈이라는 편리한 물건을 생각해 냈습니다. 그래서
물건과 물건을 교환한 예전의 시장은 돈으로 물건을 사고 파는
오늘날의 시장으로 진화하여 차츰 상업이 발달해 갔습니다.
시장이 발달해서도 생활에 필요한 물건은 대부분 가정에서
만들고 있었습니다. 남성이 목화를 수확하면 여성은 실로 뽑아서
천을 짜고 옷을 지었습니다. 이윽고 이것을 전업으로 하는
자들이 생겨나게 되었습니다. 또한 물건을 만드는 기기도
매우 진보해서

훌륭한 물건이 많이 만들어졌습니다. 이렇게
상업과 공업이 매우 발달 진보하게 되었습니다.
시장에는 누가 봐도 갖고 싶은 생각이 들 정도의
물건이 한꺼번에 쏟아져 나왔습니다.
농업을 하는 사람들 가운데에는 천을 짜거나 신을 것을

만드는 것을 재미없다고 생각하는 사람들이 생겨나게 되었습니다.

또한 필요한 물건은 모두가 필요한 물건이라고 생각하는 사람, 만든 모양새가 예쁘면 앞뒤 재지 않고 아무거나 사들이는 자들도 생겨났습니다. 이렇게 되면 당연히 돈이 부족하게 됩니다. 이 부족을 메우기 위해 논밭이나 집을 팔거나 자작농에서 소작농으로, 소작농에서 일꾼으로 전락하는 사람도 있었습니다. 농가에서 만드는 물건에는 한계가 있으니 물건을 사는 것도 어쩔 수 없습니다. 시장은 그것을 위해 생겨 난 것이지만 그 편리함에 이끌려 필요 없는 물건을 사기만 한다면

75

이것을 잘 이용한다고는 할 수 없습니다.
전 조선에는 시장이 천오백개나 있지만 이것을 제대로 이용하려고 하지 않으면 일가의 갱생에도 조선의 개발에도 큰 영향을 미칩니다.

제18 이사님과 부락
"금융조합의 이사님이다. 이사님, 안녕하세요."
"안녕하세요. 지난번에 말씀드린 것처럼 이 부락을

76

양계부락으로 지도하기로 했습니다. 한 집당 15개씩 종란을 나눠드릴 테니 소중히 키워 주십시오."
"아이고 감사합니다."
"구장님, 하루라도 빨리 양계조합을 만들도록 해 주세요. 계란 대금은 제가 맡겠습니다."
"네 알겠습니다."

일년이 지났습니다.
"권씨 당신의 계란적금은 벌써 32엔이나 되었어요."

77

"이사님, 벌써 그렇게 되었어요?"
"어린 송아지 한 마리를 살 수 있는 돈이 되었습니다.
돈을 찾아드릴까요?"
"네 부탁드립니다."

어느새 부락의 집들의 어린 돼지가 65마리, 어린 송아지가
77마리나 되었습니다.

"이사님, 덕분에 부락의 아이들은 모두 학교에 다닐 수 있게 되었습니다.
세금까지 계란적금으로 낼 수 있게 되었습니다."

78

"그것은 정말 다행이네요."
"게다가 이 부락 사람들은 대부분 금융조합에 가입했습니다."
"구장님, 저는 조합원 모두가 빚이 없는 자작농이 되길
바라고 있습니다."
"고맙습니다. 그렇게 된다면 너무 행복하겠죠."

부락 사람들은 조합의 대출금으로 빚도 갚고, 토지를

79

사들였습니다. 원금과 이자는 계란으로 만들어 내어 갚는

약속입니다.

붕 붕 붕
"이사님이 소라고둥을 부시네."
"자 일어나서 일하러 나가세."
"이사님, 안녕하세요."
"여러분 안녕하세요. 자 아침나절에 한시간만 일해 주십시오."
"네 알겠습니다."

80

이렇게 부락에 하나의 훌륭한 길이 생겼습니다.
사람들은 '소라고둥의 도로'라고 말하고 있습니다.
함께 산의 풀을 깎고 높은 퇴비의 산도 쌓았습니다.

"구장님, 부락의 저수지에 잉어를 키워보면 어떨까요?"
"그거 좋은 생각이네요. 자 키워봅시다."
"지사님으로부터 부락이 받은 돈은 무엇에 쓸까요?"

81

"산을 사서 평양밤을 키우려고 생각합니다."
"그거 좋은 생각이네요. 대찬성."

부락의 못에서는 잉어 새끼가 10센티나 되어 펄떡 펄떡
뛰고 있습니다.

82

여기저기서 닭 울음소리가 들립니다.
지금 산에는 밤이 주렁주렁 달려 있을 것입니다.

제19 농가의 수세공과 가공

농가의 수세공에는 여러 가지가 있다. 가장 최근의 것으로는
짚세공으로, 새끼, 가마니, 짚신, 조리 등도 만든다. 그 밖에
싸리, 고리버들, 왕골 등을 재료로 하면 색다른 것을 만들 수 있다.
이것들은 농가 생활을 편리하게 할 뿐만 아니라,
상품으로서 판매하면 상당한 수입을 얻을 수 있다.
가마니를 짜서 자작농이 된 사람, 고리버들세공으로
살아나고 있는 마을 등도 있다. 이것을 봐도 수세공의
소중함을 알 수 있다.

농가는 원료가 풍부하기 때문에, 지식과 연구할 마음만 있으면
대단한 설비를 갖추지 않더라도, 여러 가지 가공품을
생산할 수 있다.
예를 들어, 맥아로 엿을 만들고, 감자로 전분을 만들 수 있다.
그 외에 곡물가루, 무나 고구마 말랭이, 콩으로 만드는
냉두부, 낫또 등 모두가 농가에서 제조할 수 있다.
이것들은 제대로 포장하면 큰 공장 제품에 뒤지지 않는
상품이 된다.
소는 이용할 방법이 많다. 경작용이나 식용으로서 사람에게

84

유익할 뿐만 아니라, 소의 두엄은 정말로 좋은 비료다.

그 밖에 가죽을 이용할 수 있는 방법은 많고,
뿔, 뼈, 발굽 등은 단추로 만들거나 브러시의 몸통으로 만들고,
지방은 비누의 재료가 된다. 그런데도 일반 농가에서는
이런 방법에 그다지 손을 대지 않는다. 대부분은 도회지의
공업가의 손에 맡겨

85

제품을 사기만 하는데, 그러면 농가는 살아나지 못한다.
가죽가공, 단추세공, 비누 제조 등은 큰 설비가 없어도
가능하다.
그 밖에 과실을 잼이나 케첩으로 만들거나 과즙을 짜고,
돼지고기를 햄으로 만드는 것도
쉽게 할 수 있다.
이렇게 세어보면 농가의 수세공이나 가공의 범위는
정말로 넓다. 만들어 생활을 편리하게 하고,
먹어서는 건강을 지킬 수 있고, 팔아서는 생계를
윤택하게 한다.

86

그러나 연구와 진취적인 정신 없이는 어느 것 하나
만들 수가 없다. 더욱이 협동의 마음이 희박하고,
조합을 만드는 방법조차 모르면, 단추 하나
파는 것도 할 수 없을 것이다.

제20 정식군
1학년 정식군은 국어를 썩 잘하게 되었습니다.

얼마 전 두 사람은 이런 약속을 했습니다.
"너와 나는 앞으로 뭐든지 국어로 말하자. 만일
약속을 깬 사람은 조리를 한 켤레 만들어
상대에게 주도록 하자."

87

라는 것이었습니다.
어제, 정식군은 새빨간 얼굴을 하고 어쩔 줄 몰라 하고 있었습니다.
나는 분명히 어떤 말이 생각나지 않아서 그런 것이라고 생각하고
"무슨 일이야! 정식군."
이라고 묻자
"돈을 잃었어."
라고 말했습니다.
"아! 돈을 잃어버렸다고."
나는 정식군과 함께 여기 저기를 찾아서 결국엔

찾아내 주었습니다.
오늘 정식군과 만난 김에
"정식군, 머리를 잘라줄게."
라고 말하자
"아직 괜찮아."
라고 사양했습니다. 실은 2, 3일 후에 이발시험이 있는데
제가 시험을 칠 차례가 되었습니다. 시험이라는 것은
선생님의 머리를 잘라드리는 것입니다. 그것을 밝히고
다시 부탁하자 정식군은

"예비시험이네."
라고 말했습니다. 어디에서 예비라고 하는 말을
배웠는지 깜짝 놀랐습니다.
아직 누구도 조리를 만들지 않았습니다.
나는 정식군과 이 약속을 평생 지켜갈 생각입니다.

제21 송하촌숙
요시다쇼인은 평범한 민가를 촌숙으로 만들어
겨우 2년 반 사이에, 교육한 것뿐이지만, 학원생 중에서
여섯명의 대신을 시작으로 많은 훌륭한 인물을 배출했다.
메이지유신의 대업은 이 제자들의 공적에 의한 것이 많았다.

90

쇼인은 학원생과 함께 기거했다. 맑은 날에는
밭에 나가 함께 밭을 갈고, 비가 오는 날에는
함께 글을 읽었다. 어느 해의 일이었다.
숙사가 좁아져서 근처의 낡은 집을 사들여
이것을 개조하게 되었다.
목수를 쓴 것은 하루인가 이틀이고, 나머지는
모두 쇼인과 학원생들이 함께 일해서 완성했다.
그때 높은 곳에서 벽을 칠하고 있던 학원생이
실수로 벽 흙을 떨어트렸다. 순식간에 아래에 있던
선생님의 전신이 흙투성이가 되었다.

학원생은 순식간에 벌어진 일에 얼어붙어 아무 말도 못 했다.

그러나 선생님은 흙을 털어내면서 아무렇지도 않은 듯
밑에서 위로 흙을 날랐다.
학원생들은 세월이 한참 흐른 뒤에도 자주 그때의 일을
떠올리며 선생님의 덕을 그리워했다는 것이다.

제22 석가모니

석가모니는 지금부터 2500년 정도 전에 인도의 어느
성주의 세자로 태어났습니다.
석가모니는 매우 자비심이 깊고, 또한 어떤 일이라도
깊이 생각하는 성격이었습니다.
자신은 남부럽지 않은 신분이지만,
세상에는 그날의 먹을 것도 구하기 어려운 자가 있다.
또한, 사람들에게 쫓기는 소도 있다. 자신도 늙어서
죽는 것은 다른 사람과 조금도 다르지 않다.
그렇게 생각하면, 이 세상에서 불쌍하지 않은 것은
하나도 없습니다.
"사람은 무엇을 위해 이 세상에 태어난 것일까?

93

우리들의 인생의 마지막은 어떤 것일까."
이런 것을 깊게 생각하게 되었습니다.
그러나 아무리 생각해도 알 수 없었습니다.
이렇게 된 이상 위대한 사람을 찾아가
가르침을 받는 수밖에 없다고 결심하였습니다.
이것을 안 가족들은 매우 슬퍼했습니다만,

석가모니의 결심은 강해서, 결국 어느날 밤
사람들 몰래 궁전을 버리고
산으로 들어갔습니다.
그러고 나서 세자의 의복을 벗고, 소박한 옷으로
갈아입고, 여기저기 걸어다니며 학자를 찾아다녔습니다.
그러나 누구의 가르침에도 만족할 수 없었습니다.
그래서 사람에게

94

의지하지 않고, 스스로 진정한 길을 깨달으려고 노력했습니다.
석가모니는 온갖 고행을 했습니다. 그것을 6년이나 계속해서
몸은 마를 대로 말라 무언가에 기대지 않으면 일어서지도
못할 정도가 되었습니다. 그러나 어떠한 보람도 없습니다.
석가모니는 고행을 멈추고, 먼저 건강을 회복하고, 이번에는
시원한 나무 그늘에 앉아 생각에 잠겼습니다.
먹을 것도 적당히 먹고, 피곤하면 휴식도 취했습니다.
진정한 길을 점차 깨닫게 되었습니다.
그 사이에도 악마가

95

나타나, 몇 번이나 훼방을 놨습니다. 하지만 석가모니는
조금도 두려워하지 않았습니다. 흔들리지도 않았습니다.
그러던 어느날 새벽녘에 진정한 길을 확실히 깨닫게
되었습니다.
석가모니의 마음 속에는 형용할 수 없는 기쁨으로
넘치고, 한참동안은 멍하니 있었습니다만, 결국

그 기쁨을 사람들에게 전하고 싶은

자비의 마음이 생겼습니다.
그로부터 석가모니는 50년간 여기저기 다니며
진정한 길을 설교했습니다.
아버지도 아내도 자식도 가르침을 받았습니다.
많은 제자도 모아 가르침을 펼치고
성내에는 기쁨이 넘쳐흘렀습니다.
석가모니의 가르침인

불교는 그 후 수천만명의 사람들에게 진정한 길을
알렸습니다. 그 후로도 수천만명의 사람들을 이끌게
되었습니다.

제23 집조사
자신의 집에 관한 일은 누구라도 잘 알고 있다고
생각하고 있습니다. 그러나 자신의 발 크기조차
모르는 사람도 있습니다.
짚신을 만드는 경우라도 일단은 발에 맞춰보지요.
자신의 집의 일은 조사해서 정리해보지 않으면
정말로 알고 있다고는 말할 수 없습니다.
농가에서는 수입도

지출도 자산도, 비교적 복잡하고 확실하지 않기 때문에
더욱이 그렇게 할 필요가 있습니다.
집을 정말로 아는 것은, 누구에게든 소중하며,
이것을 몰라서 신분에 어울리지 않는 일을 하게 되고 맙니다.
집의 조사는 가족에서 시작합니다.
농가에서 중요한 것은 노동력이기 때문에, 남녀노소를 구분하여 조사하고,
그 합계를 내봅니다.
다음으로 자산을 조사해 둡니다. 농가에서는 전답이나 산림이
중요한 자산으로, 수입의 대부분은 여기에서 나옵니다.

그래서 좋다/나쁘다, 면적, 자작/소작의 구별을
분명히 알아두지 않으면 안 됩니다.
될 수 있다면 이들의 내력도 조사해 두면
흥미도 생겨나고, 참고도 할 수 있어
자신을 격려하게 될 것입니다.
가축도 중요한 자산의 하나로,
너무 많아도,

너무 적어도 비경제적인 것입니다.
또한, 전답이나 가족 수에 상응하는 수를
정하지 않으면 안 됩니다.
농기구의 조사도 중요한 것입니다. 그것을

필요한 만큼 비축해두지 않으면 일을 할 때에
허둥지둥 서두르게 되어 보기에 안 좋겠죠.

그럼, 이것들의 조사와 함께 생산물의 종류, 수량,
처분 및 이용 상태를 조사해 보는 것이 중요합니다.
그렇게 하면, 자산이나 노력이 얼마만큼의 보상을
받는지 정확히 알게 됩니다.
부업이 없으면 농가는 일어설 수 없습니다.
어떠한 일에 얼마만큼의 시간과 노력을 쏟아붓고,
얼마만큼의 수입을 올렸는지를 알고,
과거를 되돌아보며 현재와 비교해
장래의 계획을 세우지 않으면 안 됩니다.
한편으론, 부채 및 입고 먹는 비용, 각종 부담을 비롯해
현금지출을 조사하는 것도 중요합니다.

이 모든 것을 알지 못하면, 자신의 집의 경제상태를 정말로
알고 있다고는 말할 수 없습니다.
다시 말해, 조사는 자신의 집의 힘을 바르게 알고,
장래의 행복을 계획하기 위한 것이기 때문에,
정확히 하지 않으면 안 됩니다.
자력갱생이라 하고, 근검력행이라고 하며, 모두 이 조사를
바탕으로 계획됩니다. 부락의 갱생도, 조합의 발전도
이 조사를 바탕으로 하지 않는 것은 없습니다.

제24 숯 굽는 산

겨울의 산자락, 낙엽을 밟고,
하얀 연기를 목표로 오른다.
오르고 오른 산 속
잡목림에 숯가마 하나.

가마는 돌가마, 나무는 졸참나무, 상수리나무
근탄, 참숯 굽는 흰 연기,
파란 하늘로 가늘게 뻗어간다.
가마의 연통 뒤에 하나.

산 반대자락에 벌목하는 남자,
도끼를 휘둘러 떡하니 쓰러트린다.
여기저기 튀는 나무 파편, 울리는 메아리,
쿵 하고 쓰러져 가지들이 진동하고, 땅이 흔들린다.

마을로 실어보내는 큰 가마니, 작은 가마니,
있는 힘껏 한 지게에 4가마니.
차도까지 산언덕을 내려온다.
산의 숯 굽기, 힘이 세다.

105

제25 비상시

우리나라는 메이지유신부터 오늘날까지, 약 70년 동안만 해도
몇 번이나 비상시가 있었다. 그러나 우리 국민은 항상
그 비상시를 극복해 왔다.
어떻게 극복해 왔을까? 그것은 평상시에 힘을 비축해두고
비상시에 이것을 활용했기 때문이다. 이 힘은 어디에서
솟아나오는 것일까. 그것은 오로지 국민의 충의의
마음에서 솟아나오는 것이다.
천황폐하가 자중하라고 말씀하시면, 인내하고
힘을 비축하라고 말씀하시면, 근검력행하고, 국민정신을
진흥하라고 말씀을 내리시면

경의를 표하며 그 가르침을
받들었다. 또한 일단 유사시에 싸우라고 명하시면
목숨을 버리고 싸워 승리를 얻었다.
비상시에는 한 몸이 한 가정이기도 하다.
부모형제와 떨어져 의지할 곳 없는 몸이 되는 경우도
있을 것이다. 어제와 다른 오늘의 빈곤에 울부짖는
일도 있을 것이다. 때로는 수확이 작년의 반에 이르지
못하는 해도 있을 것이다. 사람은 평생 동안 어떠한
재난을 만날지 모른다.
이러한 일신일가(一身一家)의 비상시에는 어떻게 하면 좋을까.

먼저, 그 원인을 정확히 밝혀내지 않으면 안된다.
그리고, 그것을 해결하기 위해 좋은, 바르고 정확한 계획을

세우지 않으면 안 된다. 드디어 계획이 세워지면, 일가(一家)를 바쳐
나아가면 된다. 그것으로 해결하지 못할 일이 없다.
천황폐하가 내리신 여러 가지 조칙(詔勅)은, 언제, 어떠한 경우에도
우리 국민들에게 목표와 힘을 주신다.
일국일가일신(一國一家一身)의 비상시는 언제 올지 모른다.
비상시에 활용할 힘을 평상시에 비축해 두는 궁리가
중요하다.

제26 폭탄 3용사

쇼와 7년 2월 상하이사변으로 우리 군이 묘행진(廟行鎭)을
공격했을 때의 일이다.
적은 진지에 깊게 참호를 파고, 그 앞에 높이 3미터,
폭 4미터의 철조망을 치고 있었다. 그리고
우리 병사가 조금이라도 모습을 드러내면, 기관총을
마구 쏘아대며, 한 발짝도 가까이 갈 수 없게 하였다.
우리 군은 내일이야말로, 어떻게 해서든 적진을
공격하지 않으면 안되겠다고 결심하고,
먼저 공병에게 적의 철조망을 파괴하도록 명령했다.
명을 받은 공병은, 결사대를 몇 개나 만들었다.

모두가 폭약통을 철조망에 꽂고 불을 붙여 폭발시키려는
참이었다.
다음날 날이 밝은 22일 오전 5시.
1 소대는 진격했다. 멋지게 성공해서 돌격로가 하나 열렸다.

적은 놀라 기관총을 마구 쏘아댔다.
엄청난 불. 무시무시한 굉음.

110

일 소대, 또 일 소대, 계속 진격했지만 철조망 바로 앞,
아주 근접한 곳에서 전멸하고 말았다.
계속해서 에시타, 기타가와, 사쿠에의 소대가 진격했다.
"와! 도저히 갈 수가 없어."
"도착해서 불을 붙여서는 늦어!"

101

"뭐라고! 그렇다고 포기할 수는 없어! 여기에서 불을 붙여서
메고가자!"
"그래, 그러자!"
세 사람은 폭약통에 불을 붙여, 철조망을 목표로 돌진했다.
"두두두두두"
엄청난 기관총 소리.

112

정확히 폭약통을 꽂아넣었다.
펑!
천지를 뒤흔드는 대폭발음.
3용사의 몸은 화염 속으로 사라지고 말았다.
"만세."

"돌격!"
대기하고 있던 보병은, 단숨에 뛰어들었다.
잠시 후 묘행진의 적진에 일장기가 휘날렸다.

113

제27 편지
1 농기구를 주문하는 편지
소형 삼덕 괭이 열 자루, 2월 말일까지 도착하도록 주문합니다.
여기는 곧 밭 경작이 시작되기 때문에 기일까지 맞추지 못하면
완성된 것만이라도 좋습니다. 대금은 항상 치르는
교환우편으로 해 주십시오.
2월 23일   김명재
김달만 귀하

2 아버지의 병의 회복을 알리는 편지

때마다 문병해 주셔서 진심으로 감사드립니다.
걱정을 끼쳐드렸던 아버지의 병환도 드디어 좋아지시고
최근에는 혼자서 침상에서 일어나실 수 있고,
식사도 잘 드시고 계십니다.
의사선생님도 이젠 괜찮다고 하십니다.
이런 상태라면 완쾌하시는 것도 얼마 남지 않은 것 같아
가족 모두 기뻐하고 있습니다. 어머니를 대신하여
감사 인사 올리며 최근의 병의 회복을 알려드립니다.

숙모님과 정희에게도 안부 전해 주십시오.
2월 24일 이득흥
박전길 귀하

3 조카로부터 숙모에게
숙모님, 낮에는 어느 정도 따뜻해졌습니다만,
모두 별일 없으시죠? 지난번에 말씀드린 강아지는
벌써 많이 컸겠네요. 동생은 그때부터 매일
"강아지를 데리러 가자."라고 계속 조르고 있습니다.
그래서 어머니도

116

"이젠 젖을 떼도 된 것 같은데. 숙모에게 한번
여쭤보거라."라고 말씀하셨습니다. 이번 일요일에
찾아뵙고 싶습니다만 어떠신지 여쭙니다.
2월 24일 공길
숙모님께

4 숙모로부터 조카에게
편지 잘 받았습니다.
약속한 강아지는 최근에 꽤 자라서 이젠 뭐든
잘 먹게 되었으니 젖을 떼도 괜찮습니다.

제일 귀엽게 생긴 강아지를 줄 테니 이번 일요일에는

꼭 데리러 와 주세요, 기다리고 있겠습니다.
부디 어머니에게도 안부 전해 주세요. 안녕.
2월 26일 숙모로부터
공길에게

제28 조선의 농업
토지와 기후
조선의 토지는 대부분 붉은색으로, 말라 있는 것처럼 보이지만.
결코 그렇지 않다.

기후도 농업에 적합하다. 여름에는 기온이 상대적으로 높고,
겨울에 되면 현저하게 떨어지지만, 이것은 토지를 위해서는
오히려 좋다고 한다. 내지에 비해 비는 적게 오지만,
일조시간은 길다. 그래서 곡물류, 채소류, 과일 등이 잘 자라고
맛도 좋다. 또한, 양잠이나 양축도 잘되고 특히, 면작물과 목양에
적합하다.
때때로 가뭄이 들 때도 있지만, 이때는 지하수를 이용하고,
관개수로를 정비하고 밭에는 퇴비를 뿌려 어느 정도까지
사람의 힘으로 막을 수 있다.
강수량은 7, 8월에 많다. 1년에 내리는 비의 양은 대부분

이 두 달에 내리는데, 작물이 왕성하게 생장하는 이 기간에
우량이 많은 것은 하늘의 도우심이다.
때때로 사람을 위협하는 수해도, 산림을 보호하고, 방파제를

쌓아 그 피해를 막을 수 있다.

경지와 농업자
조선의 경지면적은 총면적의

120

약 20%로, 그 외에는 대부분 임야나 산지다.
경지 가운데 답은 남조선에 많고, 전은 북조선에 많다.
농업자는 총인구의 약 4분의 3을 차지하고 있지만,
그 중의 약 반은 소작인이다.
경지의 4배에 달하는 임야와 산지를 애호하고
개발하는 것은 자작농을 늘리는 일과 함께

조선의 발전을 위해 중요한 일이다.

농산물
조선의 농업은 예로부터 행해져 왔지만, 생각보다 번성하지 못한
것은 그 방법이 개선되지 않았기 때문이다.
총독부는 시정 초기부터 많은 경비를 들여 개량장려에 힘을
쏟아 왔다. 그 결과, 작물의 품종은 좋아지고, 관개수로도
날로 좋아져, 경지 면적은 크게 증가하였다.
농산물의 주된 것은 쌀, 콩, 보리, 조 등으로,
총생산액은

해마다 증가하였고, 그 중에서도 쌀은 내지에
이출(移出)할 정도이다. 그 품질도 점점 개량되어
내지의 쌀에 비해서도 품질이 떨어지지 않게 되었다.
양잠도 양축도 최근에는 크게 발달해 왔다.
한 해에 수만 마리라고 하는 조선의 소가 내지로
이출되고 있다. 북부의 면양사육과, 남부의

123

면작은 당국이 힘을 쏟아 장려하고 있기 때문에, 이윽고
쌀농사와 함께 조선 농업의 주요한 지위를 머지않아 차지하게 될 것이다.
그 외, 내지에서 평판이 좋은 사과, 평양밤, 중국사람들에게
인기가 좋은 인삼도, 최근 생산액이 점차 늘고 있다.
이처럼 조선의 농업은 점차 발달하고, 최근에는 그 생산액이
시정당시의 약 6배에 이르고 있다.

제29 향약(鄕約)
이율곡은 향약을 만든 사람으로, 사람들을 가르치고 이끌었습니다.
향약은 예로부터 있었지만, 이것을 되살린 사람이

없었습니다. 율곡은 그 향약을 정비하고, 스스로 행하고
사람들에게 모범을 보이고, 매우 열심히 보급하였습니다.
율곡의 향약에는 먼저 사람이 행해야 할 길이
제시되어 있습니다.

충효를 비롯하여 형제의 우애, 장유유서 등이
그것입니다. 이 길에 반하는 자는 벌을 받게 되어 있었습니다.

125

향약에는 또한 각종 사업을 할 때의 규칙도 정해져 있습니다.
재난이나 병으로 힘든 자나 빈곤한 자 등에게 각각 물건을
주고, 돕는 방법 등이었습니다.
사창도 향약의 사업 중 하나였습니다. 이것은 조합을 만들어
곡물을 비축해두고, 빈민의 구제나 흉작의 재앙에 대비한
것입니다.
율곡의 향약은 덕을 권하고, 서로 돕는 규약이며,
협동의 정신을 가장 잘 나타낸 것입니다.

제30 근로의 꽃

126

충식의 집은 원래 시골에서 상당히 잘 살고 있었으나
아버지 대에 이르러 매우 가난해졌다.
충식은 졸업을 앞 둔 어느날, 선생님으로부터
졸업생 지도의 얘기를 듣고, 지도생이 되고 싶다고
원서를 냈다. 다행히 받아들여져 가마니 짜는 기계를
한 대 빌릴 수 있었다. 그는 열심히 가마니를 짰지만,
열심히 일해 번 돈은 아버지의 용돈으로 쓰일 뿐이었다.
그래도 그는 낮에는 나가서 일에 종사하고, 밤에는
새끼를 꼬아 가마니를 짜고, 쓰러져 죽을 각오로 일했다.
지금까지 쓰기만 해서, 일할 줄 몰랐던 아버지도

127

결국 일하게 되고, 마음을 제대로 먹고, 밤낮으로 충식을
도와 일했다.
그래서 충식의 집은 가난하지만, 처음으로 평화로운
가정이 되어 마을 사람들의 신용도 되돌렸다. 그리고 다음 해 봄에는
드디어 답 10아르, 전 20아르의 소작을 하게 되었다. 그는
이 일로 힘을 얻어 더 열심히 일했으므로 세상 사람들에게 얻은 신용은 한층
더 올라가고, 5년째 되는 봄에는 전답 합해서 100아르 정도의
소작을 하게 되었다. 또한, 소나 돼지나 닭 등도 해마다
늘어 모두 성적이 좋았다.

그의 근면한 노력은 보답받아 초라했던 초가집은 어느새인가
제대로 된 집으로 바꾸고, 1년의 수입도 한 집에서
생활을 해도 남을 정도였다.
충식이 가난한 소년에서 오늘의 행복을 얻게 된 것은
물론 학교의

지도에 의한 것이 많지만, 충식이 또한 자생갱생의 정신으로
부모를 움직이고, 가족 모두가 힘을 합하여 열심히
일한 결과다.
그는 항상 빚을 지지 않겠다고 생각하고, 한푼이라도
절약해서 저금하려고 마음먹었다. 지금도 그의 집에는
겉옷은 한 벌 뿐이고, 외출할 때는 아버지와 돌려서

입고 있다고 한다.
그의 뜻이 이루어지는 것도 분명히 얼마 남지 않은 것 같다.

제31 납세미담

130

납기가 가까워올수록 춘식의 아버지의 얼굴에는
근심이 가득했다. 찾아오는 동네 사람들에게도 힘이 없이 대했다.
이 일신동(一新洞)은 세대가 40세대 정도 있고, 어느 집이나
소작을 지으며 근근이 살아가는 가난한 부락이다.
그래서 납세 성적은 형편없고, 납기의 시기가 돌아오면
면에서 대여섯번 독촉을 받지 않을 때가 없었다.
춘식은 어려서부터 이러한 사정을 알고 마음 아파했다.
아버지를 비롯한 동네 사람들은 세금을 빠지지 않고
낼 수 있는 방법은

131

없을까 밤낮으로 궁리했다.
어느 날, 춘식은 드디어 뜻을 정하고 부락의 아이들을
남김없이 모았다. 그리고
"납기가 곧 얼마 안 남은 이 때, 우리들의 부모님들은
얼마나 걱정하고 있는지 모른다. 납세는 국민의 중요한 의무로,
이것을 게을리하는 것은 국민으로서 이보다 창피한 일은 없을거야.
하나된 서로의 힘으로, 부모님들을 도와 납세의 의무를
훌륭히 질 수 있게 하자!"
라고 의논했다.

춘식의 열심은 모두의 작은 마음을 움직였다. 그는

132

두 세명의 주된 친구들과 의논해서 다음과 같은
실행방법을 정했다.
첫째, 제각각의 힘으로, 땔감이나 짚신 등을 만들어
그것을 팔아 저축하고, 회원은 매월 한 사람이 10전씩 적립할 것.
둘째, 적립금은 저축해 두고,

133

일정한 금액이 되면, 학부형의 납세 자금으로 드릴 것.
처음부터 이 방법에 반대하는 사람은 한 사람도 없었다.
그래서 일신동의 소년 30여명은 춘식을 회장으로 세우고,
아동납세신흥회를 만들었다. 그 때 회장인 춘식은
16살로, 회원 가운데에는 7살, 8살된 아이도 있었다.
그때부터는 괭이나 낫을 들어본 적도 없는 어린 아이들까지
땔감을 줍고, 짚신을 만들고, 장작을 패고, 밭의 일손을
돕는 날이 계속되었다. 그 활약상은

134

정말로 대단하였다.
이렇게 해서 모임을 만들고 나서 2년 동안 처음에 모으기로 한
적금을 못 낸 사람은 한 명도 없고, 저축은 점차 늘어
3년차에는 50엔 정도가 되었다.

그 해 4월, 호세의 납기가 다가온 날이었다. 학부형은
역시나 돈을 융통하지 못해 걱정하며 동네에는
무거운 공기가 흘렀다. 이런 상황을 보고
춘식은 일동을 모아 적립금 중에서 한 사람에게
오십 전씩 되돌려 주고, 세금을 내도록 했다. 덕분에 이 동은
기한내에 훌륭히 완납을 할 수가 있었다.

135

면사무소 사람들은 이 동이 생기고 난 이후로 최고의
성적이라고 놀랐다.
면 사람들보다도 더 놀란 것은 학부형들이었다.
그들은 지금까지 자신들이 국민의 소중한 납세의무를
게을리한 것을 부끄럽게 생각했다. 그래서 그 후로는
아이들의 힘을 빌리지 않고, 전 동에서 빠짐없이
완납하자고 합의하였다.
자고있던 사자가 깨어난 것처럼 동의 사람들은
일제히 행동했다. 그리고 아침 일찍부터 저녁 늦게까지
비 오는 날도 바람이 부는 날도 밭에 나가 일했다.

근로의 미풍이 전 동으로 퍼진 것이다.
모으기에 급급한 빈곤 없이, 동은 점점 풍요로워졌다.
동민은 협의를 잘 실행에 옮겨 일신동은 드디어
납세모범부락이 되었다.
다음해 기원절 다음 날 조선재무협회장은

시계 한 개를 수여하며 춘식의 선행을 치하했다.

제32 조선의 정치

10월 1일은 조선의 시정기념일입니다. 매해 이 날이 되면
관아, 학교를 비롯한 각 집에 국기를 게양하고
시정의 날을 오래 기념하며, 우리 국운이 나날이
융창하도록 기원합니다.
되돌아보면, 조선은 오랫동안 중국에 압박 당하고,
러시아에게 위협당해 항상 동양화난의 근원이었습니다.
게다가 내정이 엉망이어서 과세나 재판은 공평하지 못하고
불량한 사람이 각지를 종횡무진 하므로, 사람들은 하루도

138

안심하고 일에 전념할 수가 없었습니다. 그래서 민심은
점차 거칠어지고 국력은 떨어질 뿐이었습니다.
우리 나라는 조선의 갱생과 동양평화를 위해 메이지 43년
이것을 병합하고 여기에서 새로운 정치를 시작했습니다.
새로운 정치의 조직은 중앙에 조선총독을 두어 모든
정무를 총괄하고, 지방 13도에 도지사, 각군도에는
군수, 도사를 두어 관내의 행정사무를 담당하게 하고,
또한, 부, 읍, 면에 부윤, 읍면장을 두고, 부읍회, 면협의회를
설치해

구역내의 행정사무를 처리하게 하였습니다.

역대 총독은 일시동인의 뜻을 받들어 마음을 다해
통치에 힘쓰며, 힘을 조선의 개발에 쏟았으므로, 제도문물의
진보는 실로 엄청난 것이었습니다. 치수치산의 사업은
점차 성공하여, 황무지는 아름다운 밭이 되고,
항로는 열려 철도는 연장되고, 도로는 사방으로 통해
전혀 다른 모습으로 탈바꿈하였습니다.
또한 최근에는 교육교화가 보급되어서 국민의 자각이
점점 높아지고, 시정의 방침이 민간에도 철저하게 전달되어,
근로호애의 미풍은 위 아래로 넘치고,

140

남녀노소를 막론하고 일가의 갱생과 부락의 진흥에
동참하고 있는 것입니다.
장래 조선의 문화 향상과 산업무역의 발전은 한층
놀라운 것이 될 거라 생각합니다. 그리고 더욱이
우리 제국의 진운에 공헌할 것입니다.

편자 약력

송숙정

아오야마가쿠인대학 문학부 교육학과
중앙대학교 대학원 일어일문과 석사
중앙대학교 대학원 일어일문과 박사
중원대학교 인문사회과학연구소 연구교수
전북대학교 인문대학 일본학과 강사
중앙대학교 아시아문화학부 강사

간이학교 국어독본

초 판 인 쇄	2022년 09월 01일
초 판 발 행	2022년 09월 08일
편 자	송숙정
발 행 인	윤석현
발 행 처	제이앤씨
책 임 편 집	최인노
등 록 번 호	제7-220호
우 편 주 소	서울시 도봉구 우이천로 353 성주빌딩
대 표 전 화	02) 992 / 3253
전 송	02) 991 / 1285
전 자 우 편	jncbook@hanmail.net

ⓒ 송숙정 2022 Printed in KOREA.

ISBN 979-11-5917-221-2   93370   정가 40,000원